10年後の子どもに必要な「見えない学力」の育て方

「困った子」は「困っている子」

大阪市立大空小学校初代校長
木村泰子

青春出版社

はじめに

〝不登校ゼロ〟の学校が学力も高いわけ

私が9年間勤めた大阪市立大空小学校の校長を退職してもう5年になります。

2006年に開校したこの公立小学校には、いじめを受けて学校に行けなくなった子、発達障害と診断された子など、支援の必要な子がたくさん転校してきました。

私の在任中、その数は50人を超えましたが、その間の不登校はゼロ。ついでに言うとモンスターペアレントもゼロ。

その大空小学校の1年間を追ったドキュメンタリー映画『みんなの学校』は大きな話題となり、ロングランや自主上映が続き、「文部科学省特別選定」作品に選ばれました。

さまざまなメディアで注目され、「こんな小学校にわが子を通わせたかった」という声が続出し、「奇跡の公立小学校」なんて言われたりもしました。たまたま初代校長を務めた私は、映画でちょっと出しゃばっていたこともあって注目され、退職後も講演会やセミナーなどで全国を飛び回ってきました。時々、私の話を聞いて、「自分にはできない」「あの学校が特別だから」などと言われる方もいます。

でもね、全然違うんです。奇跡でも特別でもない。奇跡とかいうと、それだけで言い訳になるでしょ、「みんな」ができることなんです。

この本は、大空小学校での取り組みと、子どもたちから学んだことをベースにした子育て論です。

大空小学校では教室を走り回る子、椅子をがたがたさせる子も、みんな「いつもいっしょ」が当たり前です。

「そんな子どもといっしょだと、学力が心配」「授業はちゃんとできるの？」と思ってしまうかもしれません。

でも、全国学力調査で全国一の県を上回ったこともあるんですよ。授業中も、誰一人集中力は欠かしません。

「不登校ゼロもすごいけれど、学力が高いのもすごい！　なぜなのか、その秘密を教えてください」

そんな要望から本書は生まれました。

私にとっては〝秘密〟でも何でもなく、当たり前のこと。子どもたちから学ばせてもらったことを実践しただけ。そのキーワードが「見えない学力」です。**「見えない学力」が高まれば、「見える学力」（＝成績。いわゆる学力）は結果としてついてきます。**

どんな学力なのか、このあとの本文でたっぷり紹介していきましょう。

木村泰子

目次

第2章 自分の考えを持つ力
——すべての学力の源になる「主体性」を育む

第4章　チャレンジする力
——失敗は「反省」より「やり直し」をしよう

終章

親が変われば子どもは変わる。みんなが変わる

――今日から家庭でできる「4つの力」の伸ばし方

カバーイラスト―北砂ヒツジ
本文デザイン――岡崎理恵
編集協力―――樋口由夏

序章

今、「見える学力」より「見えない学力」が大事！

——正解のない時代に子育てで大切なこと

テストの点数だけで「学力」は測れません

「学力の遅れ」より心配なこと

新型コロナウイルスという「想定外」の危機に直面したとき、教育現場では「学力の遅れ」を取り戻そうと躍起になりました。保護者からも学力低下を心配する声が上がりました。

ここで、この学力低下問題の**主語を「大人」から「子ども」に変えてみてください。**

私はよく、こんな問いかけをします。

「問題児」とか「困った子」って何？　大人が主語になってない？

先生や親の言うことを聞かない子どもは、大人から見れば「問題児」。「大人を困らせる子ども」です。でも、子どもを主語に変えたら、「子どもは困っている」。

「困った子」ではなく「困っている子」だと見方が変われば、教育は変わります。

では、今の教育現場の主語を子どもに変えてみましょう。もし自分が子どもだったら……と想像してみてください。

「学習の遅れをどう取り戻すか」とか、「オンライン授業を普及させる」とか、こんなバタバタした話を聞いて、子どもたちは安心するでしょうか。

家庭学習という名の課題やプリントを山ほど出され、勉強の遅れを取り戻すために、しんどいのは当たり前、みんな頑張れ！　そんな空気の学校が待ち構えていたら、子どもはお腹も痛くなるし頭も痛くなる。学校に行くことを拒む子は、これから何十倍にも増えるのではないでしょうか。

突然の休校は、「想定外」を生き抜くチャンス！

私が初代校長を務めた大空小学校では、クラスの「担任制」を廃止して「担当制」

に変えました。すべての教職員がチームとして一人一人の子どもに関わるためです。

気になる子がいれば、担任の先生しかその子を把握していないのではなく、「あの子、大丈夫かな」とみんなが把握しています。その子自身も「誰に相談してもＯＫ」という安心感があります。

普段の学校生活は、言ってみれば「想定内」の学びです。**これから10年、20年先の社会を生きていく子どもたちには、「想定外」を生き抜く力が必要です。**

そう考えたら、突然の休校は、絶好の「想定外」を生きるチャンスだったのです。

大空小学校の子どもたちならきっと、こう言ったと思います。

「学校が休みになっても、何も変わらへんよ」

なぜなら、自分の学びは自分がつくるからです。

困ったことがあれば、学校に相談すればいい。職員室はいつでも開いていて、大空小学校の教職員はもちろん、地域の人やサポーター（保護者）など、大人たちの誰かが待っています。困ったら子ども自身が自分の意思で職員室に駆け込むことができます。

困ったら、自分の頭で考えて、自分で行動する力。この力は、テストの点数では測れませんよね。

「コロナ世代の子どもたちはかわいそう」なんて、とんでもない。本当はこの機会に、子どもたちは自らが主体的に学びを見つける貴重な体験ができたはずなんです。

「主体的・対話的で深い学び」。これが新しい学習指導要領で文部科学省が目指しているものです。それなのに、「勉強が遅れてしまった！　さあ、どうする？」ばかり気にしている今の状況は、まるで戦後の教育に逆戻りしているようにさえ感じます。

実は、**点数で測れる「見える学力」ばかりを高めようとしても、成績は上がりません。**

いくら勉強を教えても宿題をやらせても、受け身の学習では成績はなかなか伸びない。そして自分から勉強しない子どもに「なんで勉強しないんだ」と責任をかぶせる。その結果、子どもはどんどん本来の「主体的な学び」から遠ざかるからです。

大切なのは10年後の社会で生きて働く力です。教育改革はさておき、まずは子どもたちのいちばんそばにいるお母ちゃん、お父ちゃんたちにこのことに気づいてほしい。そこからがスタートです。

「見えない学力＝10年後の子どもに必要な力」

教育に「格差」はない。「違い」があるだけ

「見えない学力」って何でしょう？

休校期間だった3カ月間で、子どもたちは学びたくても学べないという貴重な実体験を、大人とともにしたわけです。

もし私が教育の現場にいたら、休校期間中は毎日、子どもたちに、その日に自分が考えたことや思ったことを書きためさせたと思います。

そして学校で会えた日に、「みんなはこの3カ月、何を考えてた？」と聞くでしょう。

決して、「何してた？」ではなく。

子どもは一人一人家庭環境も違います。何をしていたかを問うことは、子ども同士

の間に知らず知らずのうちに格差を持たせてしまうからです。

オンラインの環境がある家庭とそうでない家庭で格差があるなどとは、言い訳です。この〝格差〟という言葉、子どもはちゃんと聞いていますよ。

本当は〝格差〟ではなくて、単なる〝違い〟。この違いを対等にするのが、公平という言葉。大人が「よっしゃ！」と本気になれば、いくらでも対等にできるんです。

30人のクラスのうち20人の家庭にオンラインの環境があったとします。全員にオンラインの環境が整わないことを理由に、オンライン授業をしない学校もありました。パブリックの学校の多くはそうでしたよね。でも、みんなで足並みをそろえるためにオンライン授業をしないのは、もったいないですよね。

私ならこうします。何人かの先生が20人に向けてオンラインの授業を担当したら、あとのオンライン授業が受けられない10人には、それ以外の先生が伝える手段はいくらでもあります。家に行ってもいいですし、距離を保ってその先生が得意な科目を学校で教えてもいい。違いを格差にするか、違いを対等にするか。つまり、公平の問い直しです。これを大人がまずしないといけません。

先生たちにこの問い直しをさせるのは、たしかにハードルが高い。では、誰が問い直しできる？　となると、家庭にいるお母ちゃん、お父ちゃんたちです。

もしも「先生、うちの子はオンラインで勉強できているからいいよ。でも、オンラインができない子もいるから、私らに何かできることない？」と言う親の姿を子どもが見ていたらどうでしょう。その家の子どもは、どんな大人になっていくと思いますか？


「あの子の家、オンラインができなくてかわいそうやなあ」ではなくて、「違うやり方はないかな？」「あの子は大丈夫かな？」という親の姿を見たら……子どもはお互いの違いを学び合えて、楽しんで、お互いを思いやって、そうしていたら誰のせいにもしないはずです。「勉強が遅れています！」という言葉も出ないでしょう。

見えない学力って、こういうことです。

想定外を乗り越えていく、想定外を楽しんでしまう、違いを格差にせず、「いろんな子がいる」と想像する力。10年後の社会で生きて働く力です。

AI時代に求められる「学力」とは

「見える学力」は点数でわかる学力、数値で測る学力です。多くの知識をインプットして、ペーパーにアウトプットする力です。

50年前は、この力があれば社会に出た子どもたちは幸せになれましたし、社会のニーズもそうでした。

でも、今の子どもたちはどうでしょうか。見える学力があれば、幸せになれるでしょうか。

私は決して「見える学力」を否定しているわけではありません。将来、なりたい自分や仕事があって、その仕事に就くために見える学力が必要な子も確かにいます。

学校も、見える学力で〝評価〟したほうが楽なんです。でも、点数で評価すればいいなら、見える学力は塾でも十分つくはずです。いや、むしろ塾のほうがずっと見える学力をつけられると思います。

でも、「見えない学力」とは、等しくすべての子どもに必要な、いちばん大切な力です。

大空小学校にいたときに、「俺、高校は行かんでええ」と言う男の子がいました。彼は見える学力がとても高い子でしたが、お姉ちゃんに重度の障害がありました。

彼の１年生のときの夢は、宇宙科学者でした。でも４年生になって現実の夢を持ちました。それが「お父さんの跡を継いで散髪屋になること」でした。「高校に行っている時間がもったいない、その間に散髪の腕を磨きたい」と言うんです。

理由を聞くと、「僕はお姉ちゃんと２人で生きていくことになる。だってお父さんとお母さんは先にいなくなるやろ？　自分が技術を磨いて散髪屋をすれば、ずっとお姉ちゃんは車いすで横におれるから」と。

お姉ちゃんは月に１回は入院するから、その間は店を閉めなくてはいけない。「だから１カ月に半分くらいしか店は開けられへん。ほかの店が２０００円やったら、俺は４０００円とらなあかん。だから技術を身につけたい」と彼は言いました。こういう子のために、義務教育があるのです。

今のままでは、10年後は教師の仕事はＡＩに取られるでしょう。ＡＩが教えるほうが完璧に知識を伝えられますから。そうなれば教師の仕事はなくなります。

では、教師の仕事は何？

今使える学力をつけることではなくて、今ため込んだ力を10年後の社会で引き出せるように、見えない学力をつけさせることしかないんです。

「校則や決まりがないから、自分で考えて行動できる」

「廊下を走らない子」ではなく「人とぶつからないで歩ける子」を育てる

大空小学校は２００６年、大阪市住吉区の公立小学校として創立されました。そのとき、私と教職員たちで話し合い、約束事をたったひとつだけ決めました。それが**「自分がされていやなことは、人にしない、言わない」**。

それ以外の校則や決まりごとは一切なくしました。

たとえば「廊下を走らない」「廊下は右側を歩け」というルール。でも、**廊下を走らない子どもをつくっていたら、かえってケガをします**。

大空小学校には、重度の自閉症と診断されている子どもや、特別支援学級に通っていた子どももたくさん転校してきます。なかにはルールを理解できない子もいるのです。

でも、それでいいんです、周りが気をつければいいだけ。

もしもその子が廊下の左側を歩いてきて、右側を歩いてきた子とぶつかったら、先生は「左を歩いているからでしょう！」って注意しますよね。あるいは、よかれと思って「この子は右左がわからないんだから、あなたが譲ってあげなさい」などと言ってしまう。

これでは、わからないこの子は格下、ということになりませんか？　これを聞いた子どもは知らず知らずのうちにそんな価値観を植え付けられてしまう。

でもね、**大切なのは「何のために」という目的です**。何のために廊下を走ってはいけないのか、何のために廊下の右側を歩くのか。ぶつからないためですよね。

そうであれば、ぶつからないように歩けばいい。これだけ。

目的と手段がごっちゃになっているんです。

私たち大人は、「何のために」という目的を忘れて、子どもに手段を押しつけがちです。「みんながそうしているから」「守らないと怒られるから」……まだまだ学校は「同調圧力」の規則規律を守る子をつくっています。

『みんなの学校』の映画を見るとしょっちゅう出てくるのが、教師も子どもも廊下を走っているシーン。めちゃくちゃ走ってます（笑）。

規則を守る子は多様な社会を生きていけない

今の学力（見える学力）には正解があります。もし「走ったらあかん」という〝正解〟を守っている子ばかり育てていたら、多様な社会を生きていけません。

正解をつくってしまうと、正解を守れない子を排除しようとします。

でも〝ぶつからないように歩けばいい〟。これだけで、右を歩こうが左を歩こうが、結果的に誰もぶつからないんですよ。これが〝想定外を生きる力〟につながります。

これはとても簡単なこと。遠くから走ってきたらわかりますし、大きな音がするから気をつけようと思うし。大空小学校では廊下でぶつかってケガをしません。

それまで私がいた教育の現場では、残念ながらケガをする子がいました。その頃の私は「右側を歩け！」と言う人間でした。でも、これっておかしい、目的と手段を取り違えていると気づいて、やり直しました。

給食のルールもありません。「手を洗いなさい」と子どもに指示命令している間は、子どもはなかなか手を洗おうとしません。でも、なぜ手を洗うのかを子どもがわかったら、手を洗います。

私が子どもの頃は、給食を全員食べ終わらないと遊べないというルールがありました。連帯責任みたいに。これは苦しいですよね。

待っているほうは、「こいつのせいで遊べない」と思いますよね。

体力や体の大きさも違うし、食べられる量も違うのに子どもたちは同じ給食を食べていますが、「今日は食べるのがしんどいから、このくらいにしておこう」と自分で決めていいんです。

最近は感染予防のために給食中の会話ができなくなりましたが、その前から黙って食べるルールがある学校もありました。

でもね、嫌いなものがあっても、周りの子が「これ美味《おい》しいから食べてみな」などと対話があると、食べられるようになったりします。

規則や決まりが、何か子どもたちから大事なものを奪ってしまっている。大空小学校では、こういったルールを問い直し、そのつど、やり直しをしてきたのです。

「見えない学力」をつけると、結果として「見える学力」が上がる事実

安心して「わからない」と言える。自分から「教えて」と言える

「はじめに」でもふれましたが、大空小学校の子どもたちは、全国学力調査で1位の県を上回ったことがあるほど、「見える学力」も高いんです。

これだけ「見えない学力」が大事、と言っておきながら、なんで？　と思われるかもしれませんね。

どんな授業をしているのか、聞かれることもよくありますし、教育関係者に限らず、多くの方が全国から見学にいらっしゃいますが、答えは簡単。子どもたちが安心しているからです。

安心していると、学力なんて勝手に上がってしまうんですよ。子どもたちは授業中

も安心して「わからへん」「教えて」と言います。

先生が「わかりましたか？」と聞いて「はい」と言っている子は、まずわかっていません（笑）。

大空小学校でも最初の頃は、授業の最後に「わかりましたか？」と聞いていました。でも、子どもたちによく聞くと、「はいと言わないと休み時間がなくなるから」と言うんです。そこから職員室でみんなと話し合って、「わかりましたか」を聞くことはやめました。

その代わり、「わからないところはどこですか？」と聞くようにしたんです。そしたら、子どもたちが口をそろえて「わからなーい！」と言い出しました。

つまり、先生が授業中、子どもたちに教えているつもりだったことは自己満足で、**受け身の子どもたちにはまったく伝わっていなかった**ことがバレてしまった。

そこで、45分間の授業時間で、先生は10分しか話さないようにチャレンジしました。残りの時間は子どもたちが主体的に学ぶ時間。子どもたちが学び合う時間にしたんです。

子どもたちって、**先生に教わるよりも教え合っているときに伸びる**んです。教えるほうも理解が深まるし、教わるほうも同じ。

その中で困ったときだけ、「先生、ここ、わからんから助けて」「○○ちゃんに教えてるんやけど、わからへんみたいやから、先生教えて」と言ってきます。教師は困ったときだけ行けばいいのです。

そうやって子どもたちが学び合って課題を解決する力こそ、10年後の社会で必要になる力です。

「言いたいことが言えない」関係をつくってしまう親のひと言

子どもたちは自分で考えておかしいと思ったら、「先生、それおかしいんちゃう？」と安心して言います。そういう環境で勉強したら、子どもはどんどん自分からチャレンジして、できるようになるまで主体的にやり直しします。

これは、学校だけにとどまりません。家庭でも同じです。

まず最初に、**家庭でも子どもが安心していること。これが大前提です。安心しているから「わからない」と言えるのです。**

子どもに「宿題やったの？」「本当にわかってるの？」などと、上から目線で問い詰めるように聞いていませんか。

子どもは全部わかっていますよ。「これ以上、親にいろいろ聞かれるのは面倒だから〝わかった〟って言っておこう」と。

それよりも「わからへんねん。ちょっと教えて」と子どもが言える関係だといいですね。私も含めて猛反省ですが、親って勝手なもので、自分の都合で子どもを振り回します。

自分が暇なときは「宿題、やったの？」などと問い詰めるくせに、忙しいときは「今、ちょっと時間がないから、あとでね」なんて言ったりする。これでは子どもも安心できません。大切なのは、目の前の子どもの事実から学ぶことなのです。私も大空小学校の子どもたちからたくさん学ばせてもらいました。

「見えない学力」が身につけば、「見える学力」は結果として後《あと》からいくらでもついてきます。こういうことも、私たち教師は子どもたちから学びました。

10年後の社会を生き抜くために必要な4つの力とは

「多様性」「共生」「想定外」の社会に出る子どもたち

大空小学校の9年間は、職員室でコーヒーを飲みながら、お菓子を食べながら、「10年後の社会ってどうなってる?」とみんなで毎日のように対話しました。

新しい学校をつくるのに、**10年後の社会に生きる子どもたちに必要な力って何だろう**と考えたときに、まずはどんな社会になっているかを想像したのです。そこで出てきたキーワードが3つあります。

それが**「多様性」「共生」「想定外」**でした。今でこそ当たり前の言葉になってしまいましたが、15年近く前にはまだ耳慣れない言葉でした。

「多様性」とは、進化の原動力です。10年後の社会は、性別はもちろん、人種、年齢などにこだわらず、さまざまな人と関わる時代になる。でも、考えてみたら、小学校の教育現場で多様な空気に馴染《なじ》んでいなかったら、社会の多様な空気に馴染むこともできないでしょう。

「共生」は、文字どおり、すべての人が共に生きることです。多様性にもつながりますが、誰もが人格や個性を尊重し合い、相互に認め合える社会です。

「想定外」は、もうわかりますね。今回の新型コロナウイルスの流行は学校のみならず、世界中の想定外でしたが、もっと小さなこと、私たちの日常生活でも常に想定外の出来事はごろごろと転がっています。想定外が起こっても大丈夫。想定外を生き抜く力が必要だということです。

見える学力は点数でわかる学力ですが、テストで１００点を取っても、それだけでは「多様性」「共生」「想定外」の社会では生きていけません。

次に、この3つのキーワードをもとに、これからの社会で必要な力って何だろう、と職員室でみんなで考えたときに初めて、学力を問い直さないといけないと気づきました。そこで学力をごまかさないで、「見える学力」と「見えない学力」に分けたんです。

繰り返しになりますが、「見える学力」は数値で測れる学力、「見えない学力」は10年後の多様な社会で生きて働く力です。

見えない力は「学び合い」で育つ。「一人」では伸ばせない

「正解なんてどこにもない10年後の社会で、どんな力があったらええんやろうね？」と話し合った結果、見えない学力には4つの力が必要だということにたどりつきました。

それが**「人を大切にする力」「自分の考えを持つ力」「自分を表現する力」「チャンレジする力」**です。

私が在任中、大空小学校では毎年、この4つの力以外にいいワードがあるのではないか、もっと必要な力があるのではないかと見直してきましたが、いくら考えてもやっぱりこの4つに集約されてしまう。それくらい、これ以上でもこれ以下でもない、子どもに必要な力、見えない学力そのものが4つの力です。

この見えない学力は子ども同士の関係性の中でしか育ちません。

学校は社会の縮図でなければならない。**子ども同士が学び合い、課題を解決する力こそ、社会に出て通用する力なのです。**

この4つを「おはよう」から「さようなら」まで学校の中でアタリ・ハズレなくつけようね。これが大空小学校の教育です。

担任の先生に対してもよくアタリ・ハズレが言われますね。これまでの学校では、いい先生はアタリでしたが、今は違います。決めるのは子どもです。ある子にとってはいい先生でも、ある子にとってはハズレかもしれません。大空小学校でも「木村（私）はハズレ」と言う子ももちろんいました。でも、これが多様性なんです。

だからこそ、学校全体ではアタリ・ハズレをなくしていく。「本当になくせるの？」と言われますが、気づいた瞬間からなくせるんです。

まずは自分から変わろうと思えば、一瞬でできることなのです。

でも、「教員が悪い、校長が悪い、保護者が悪い、子どもが悪い、地域が悪い」と人のせいにしている間はなくせないでしょう。

4つの力を引き出す親の心得

4つの力をつけることは、子ども同士の関わりがある学校という教育現場だからできること、家庭では難しいのでは、と思っているお母さん、お父さんもいるのではないでしょうか。

この本では、家庭でできることをお伝えしていきます。

まず、子どもに4つの力をつけさせたかったら、親自身が4つの力をつけることです。

「4つの力を子どもにつけるには、まず自分がつけへんかったら、子どもにはつけられへんな」

これは大空小学校に来て1年目の教員の言葉です。

大人になるために子どもたちは学んでいるわけですから、大人が〝4つの力をつけていたら幸せになるよ〟ということを伝えなければおかしいじゃないですか。大人が4つの力を大事にしていないのに子どもにつけろと言っても説得力がありませんよね。

入学式の日に、私が保護者のみなさんに必ずお話ししていることがありました。

「今日からみなさんは保護者という名前はシュレッダーにかけて捨ててください。

保護者は家の中だけにしてください。家の中で保護者として子どもを守るのは大事です。でも、一歩学校に入ったら、自分の子どもの周りに260人の大空の子どもたちがいます。

みなさんは今日から、このすべての子どものサポーターです」

サポーターは、自分の子どもは見ない、話さない、さわらないこと。自分の子どもを育てたかったら、自分の「周りの子ども」を育てましょう。

大人である親自身が4つの力を持って、自分から自分らしく自分の意思で、「できるときにできる人が、無理なく楽しく」学校に来て授業の中に入って、困っている子の横に透明人間のように〝何かできることない？〟とそっと寄り添うこと。これがサポーターの仕事です。

自分の子どもの周りの子が育てば、結果的に自分の子どもは育っています。自分の子どもも周りが育ててくれます。

「親が自分の子どもを育てるなんて、不可能やで」。私はいつもこう言います。それは、私自身の子育てでも実感していることです。

大空小学校の校長をしていた〝木村先生〟が、どれだけ自分の子育ても素晴らしかったか、などと思われるかもしれませんが、とんでもない。

45年間の教員生活が終わった日に娘からもらった言葉は、「お母さん、自分の子どもも育てられなかったのに、よう長い間、先生してたなあ」でした。

自分の子どもを目の前にすると、どうしても目の前の子どもしか目に入らなくなってしまう。これは親なら仕方がないこと。

子どもは10年後、社会で一人で生きていくわけではありません。

砂漠の中でたった一人で生きていかせるつもりがないなら、周りの子どもとどんどん関わっていったほうがいい。

多様性だらけの、いろんな子どもがいる環境の中で子どもは育ち合います。だから多様な社会に通用する力もつくのです。

自分の親が自分以外の友だちと関わっている姿を見せること。これって親が自分の子どもに直接何かをするよりも、絶大な効果があるんですよ。詳しくは次章で紹介していきます。

第1章

人を大切にする力

――多様性社会を生きて働くための基礎

「人に迷惑をかけてはいけない」と教えると、子どもは人を排除するようになる

「迷惑な子」なんて一人もいません

第1章では「見えない学力」をつける4つの力のひとつ、「人を大切にする力」についてお伝えします。

「人を大切にする力」が子どもには重要。そんなこと親ならわかりきっていますよね。

ところが、お母さんたちと話していると、その中身は「人に迷惑をかけないこと」「思いやりを持つこと」「いじめをしないこと」だったりします。

でもね、**「人に迷惑をかけないように」と言われ続けた子どもは、人の失敗が許せなくなってしまう**んです。〝人に迷惑をかける人は、よくない人〟だと。

新型コロナウイルスの自粛期間中にあった〝自粛警察〟などはまさにそう。自分は

我慢しているのに、自分はちゃんとルールを守っているのに、守っていないやつがいる、許せないってなってしまうんです。そんな人ばかりの社会は生きづらいですよね。

子どもは大人の姿から学びます。

大人が〝迷惑な人〟を排除しようとすれば、子どもは無意識に〝迷惑な子〟を排除しようとします。

本当は迷惑な子なんて一人もいません。すべて大人がつくっているだけなんです。

「人を大切にする力」とは、本当になくてはならない学力です。この力を義務教育の9年間でつけないで、どこでつけますか？

「人を大切にする力」がなかったら、人は幸せになれないと思います。

「人を大切にする力」を子どもにつけさせたかったら、まず親である自分が人を大切にするところを子どもに見せることです。

「うるさい子がいるから勉強できない」から「うるさいから集中する力がつく」へ

大空小学校では教室で暴れる子、授業中に外に飛び出す子、大声をあげる子も珍しくありません。

もし、自分の子どもが「あいつが暴れるから教室で勉強できない」「あの子が椅子をガタガタさせるから、うるさくて集中できない」とお母さんに訴えたら、どうしますか？

「うるさい子がいて困るね。先生に注意してもらおうか」と言いますか？

授業中、椅子に座っているのが「当たり前」で、静かでないと勉強できないと言うのであれば、その子には一生、空気清浄機付きのカプセルが必要になりますよね。社会に出ても、落ち着いた静かな場所でなければ勉強ができないということになりませんか。

この**「当たり前」を変えれば、勉強ができないのを人のせいにしなくなります**。椅子に座れない子がいるのが当たり前、暴れる子がいるのも当たり前、教室を飛び出す子がいるのも当たり前。

暴れようが暴れまいが、自分が学ぶことには関係ない。黒板が見えないなら見えるところに移動すればいいし、うるさくて聞こえないなら自分から聞いたらいい。

これが集中力です。だから、結果として見える学力も上がるんです。

ちょっとしたことですが、すべての学校、すべての家庭でできることです。

子どもが「あいつがうるさい」と言ってきたら、

「誰がうるさかろうと、何をしようと、その中で自分が集中する力がついたら、めっちゃ得するよ！」

このくらいのことをお母さん、お父さんには言ってほしいと思います。

「困っている子」がどうすれば困らなくなるか。これが考える力

そもそも、うるさくしている子や暴れている子は、周りに迷惑をかけようとしてやっているのでしょうか。先生に注意されてじっとできるものなら、本人だってそうしたい。でも、できない。その子は**「迷惑をかける子」**ではなく**「困っている子」**なんです。

困っている子がどうしたら困らないようになるだろうかと、問題解決のために考える力が見えない学力につながります。

お母さんがサポーターとして学校に来て、困っている子の横にいて、その子に自分が何かできることはないかと行動したらどうでしょう?

その子が教室から飛び出したら追いかけて、図書館に入ったら「読み聞かせしようか?」などと言って本を読みはじめる。

そうしたら、〝暴れてうちの子の勉強を邪魔しとったやつ〟が、今度はかわいくなってくるんです。その暴れている子から、親はいろいろなことを学びます。

困っている子がいたら、困らないように何ができるかを考えるのが大人の仕事。そういう大人の姿を見ると、子どもは尊敬します。

実際にあった話です。困っている子のそばにサポーターとしてずっとついていた、あるお母さんがいました。「クソババア!」なんて言われても、ずっとそばにいます。そのサポーターであるお母さん自身の子どもが同じクラスにいました。その子が、

「なあ、校長先生、大人ってさ、二重人格?」と聞いてきました。

「二重人格ではないやろ。五重人格くらいあるやろ」

私がそう冗談を言った後に、「なんでそう思たん?」と聞くと、

「あいつ（困っている子）さ、俺と同じことママに言ってるよな？　それであそこにいるのは俺のママやろ？」

「あんたのママやな」

「あいつが俺と同じ〝クソババア〟って言ったときさ、うちのママな、〝大丈夫？〟って言って怒らへん。二重人格か？」

「それよりさ、あんたの前で怒るママと、あそこにいるママのどっちが好きなん？」

「それはあっちや」

「あっちのママは誰のママ？」

「俺のママや。ああ、そうか、わかった！」

　こんなふうに親の違う面を見る中で、子どもが親を見る目が変わり、親子関係がよくなっていくのです。

失敗やトラブルは、生きた学びの機会

子ども同士で「学び合う」

映画『みんなの学校』でも印象に残ったと言われるエピソードがユズキのシーンです。

全校道徳が終わった後、子どもたちは教室に帰って、今日のテーマについて学習シートに自分の考えを書くのですが、ユズキは何を書いていいのかわからず、「わからん」と書きます。ユズキは3年生で大空小学校に転校してきて、それまでほとんど学校に行くことができていませんでした。

そんなユズキが「自分の考えを書く」という正解のない問いを突きつけられたら、「わからん」と書くのも当然です。自分の考えを書いたことがなくてわからんから「わからん」なのです。

それをそばで見ていたマサヤが「わからんと書いたらあかんねんで」と注意しました。マサヤにしたら、意地悪をしたつもりはなくて、「わからんと書かずに、自分の考えを書かないとダメだよ」という意味で注意しました。

でも、ユズキは、バカにされたと思ってしまったんですね。教室を飛び出してしまいました。

マサヤにすれば、意味がわからない。「なんで飛び出したんだ？」と思いをめぐらせます。ここが学びのスタートなんです。

結局、私と教頭でユズキを無理やり引きずりながら教室に連れ戻しました。これ、体罰だと思います？　映画を見た教育関係の方から、「あの体罰のシーンだけカットしてもらえませんか？」なんて言われたこともあります。じゃあ、なんで文部科学省が推薦したのっていうオチがつく（笑）。

本当は、あれは「ユウ（ユズキのこと）、大丈夫や。安心し。黙ってついておいで」って言って引っ張ったんです。

ユズキは「校長先生が何とかしてくれるんちゃうか」という安心感の中で引っ張られている。自尊心がズタズタになっている状態のユズキが自分の足で教室に帰るなんて、できるはずがありません。「校長が引きずるから仕方なく戻ってきた」という構図にすることで、ユズキは教室に戻れた。そうしなければ、二度と学校に来られなくなっていたでしょう。

　教室に入るとみんなが集まってきました。私はマサヤに言いました。「あなたは間違っています」と。マサヤはびっくりしたでしょうね。だって親切に注意してあげたと思っていますから。

「ユズキはわからんから〝わからん〟と書いた。これがユウの大正解や。ユウは1、2年生のころはほとんど学校行けなかってん。みんなが自分と一緒だと思ったらあかん。わかっているマサヤは、わからんユウに教えてあげな。困っている子を助けられる子になれるか？」。ユウには、「ユウ、安心して教室におり」と言いました。

　普通の学校なら、マサヤのことを叱る教師なんていないでしょう。俺はわかっているからみんなもわかっているはず。わからないやつはあかん。これを見過ごしていたら、静かな排除につながっていきます。

　その後、マサヤは「ユウに対してだけではなく、困っている子に優しくできる子になる」とやり直しをしました。ユウも、わからないときは「教えて」と言えるようになりました。これって、すごい学びですよね。

暴れる子の周りの子たちがとった「人を大切にする」行動とは

もうひとつ。算数の時間に、わからなくなってくると頭がぐちゃぐちゃになって暴れる男の子がいました。45分間のうち、じっとしているのは10分程度です。声を出したり、机を倒したりは日常茶飯事。

その日、まさに教室で彼が暴れ出そうとする10秒前。興奮している様子から気配を察した子どもたちは、いっせいに彼から机をバーッと離しはじめました。その光景を後ろから見た私は思わず、「あんたら、案外冷たいな」と言い放ったんです。ケガしたくないから逃げたのかと、わかりもしないで言ってしまいました。

そのあと、どうなったと思います？　私がそう言い放った途端、みんなが後ろを振り向いて、「校長先生、アホやな！」「わかってへんな」「校長先生、言ってることとやってることが全然ちゃうやーん」と好き好きに言いはじめました。

普通の大人なら「アホなんて言うな。誰にもの言うとんねん、校長やぞ」ってなりますよね。こんなふうに言えば、子どもたちは一瞬で黙るでしょう。でも、子どもたちにすれば、「アホやと思うからアホって言って何が悪いねん」という話です。

ここを見逃したらいけないと私は思っています。ここで怒られて学校に行けなくなった子、家庭なら親子関係が悪化した子が山ほどいると知っているからです。アホだのわかってへんだの、安心して言ってくれる関係ができたら、よっしゃ！　と思うだけです。

私はそのとき、「なあなあ、アホを説明して」と言いました。そうしたら子どもたちの言葉がすごかったんです。

「教室の中でいちばん困っているのは誰や？」

「困っているのはあいつや。あいつが机倒すやろ、もの投げるやろ。あいつが飛ばしたもので俺らがケガしてみ。あいつは余計に困るやろ？」

これが「人を大切にする力」です。

子どもたちの言葉を聞いた瞬間、私は「ごめん、私が間違った。やり直ししてきます」と言って立ち去りました（「やり直し」についてはこの後お話しします）。

「アホやな」と言った相手が、「自分が悪かった。やり直しします」と出て行ったら、より信頼が深くなっていきますよ。

暴れる子がいたら一緒に遊ぶこともなく、「こいつは発達障害児やねん」と静かに教室から排除していくのと、どっちが見えない学力が身につくでしょうか。

暴れていた彼はその日、暴れるのをやめてしまいました。なぜなら、暴れようと思った瞬間、自分より困ったやつ（校長）が現れたから。しかも、周りの子が自分のことをこんなふうに思っていてくれたこともわかったから、自分も周りも大事にしはじめるんです。

彼が卒業するとき、私に「俺、中学行っても大丈夫やで。校長、心配すんなよ」と言いました。

「なんで？　あんた、中学行ってもまたワーッとなるんちゃうん？」と聞くと、「いや、俺、もう大丈夫。3文字の言葉ができるようになったから」と。

「それ、何？」「が・ま・ん」

そしてその言葉どおり、中学では一度も暴れることがなかったそうです。

「あいつ、邪魔」と人を排除しない

親が「モンスターペアレント」になるか「サポーター」になるかの違い

暴れる子自身も、周りの子も一緒に見えない学力を身につけていく。これは日常的に見られることで、子どもたちから大いに学びました。

親も同じです。

たとえば、大空小学校の開校1年目、同じ教室に暴れる子がいるクラスのご家庭では、こんな対話がたくさんありました。

子どもが学校から帰宅したある日、お母さんが自分の子にこう聞きました。

「ママ友から聞いたんだけど、あんたのクラスにいるAって子、障がいがあるらしいやんか。授業も邪魔するらしいな。そんな子がいてたら勉強できないんとちゃう？

学校に言いに行ってやろうか?」

でも、大空小学校ではすでに「人を大切にする力」をつけるための教育が日常でした。私たち教職員は何度も失敗し、やり直しを繰り返しながら、子どもたちと毎日対話してきました。

だから、お母さんがこんなふうに聞いてきたときの子どもたちの返事はこうです。

「ママはなんでそんなこと言うの? ママはあいつ(A)のこと知らんやろ? あいつってな、**困っているときには暴れるけど、そうでないときはええとこあんねんで。**そんなふうに言うたらあかんやん」

私はよくお母さんから「逆に子どもに怒られた」という話を聞きました。

でも、これ、素晴らしい話とか、感動話ではありません。これが日常であり、当たり前の事実です。

当然、親は驚きます。なんで子どもがこんなかっこいいことを言うんだろう、と。子どもに親を超えられたような悔しさや、納得できない気持ちも少しあって、親は学校に確かめに来るんです。実際にその困った子を偵察(?)に来る。

大空小学校は「自分がつくる自分の学校」ですから、「サポーター」という名札をつけて、お母さんが教室に入ると、案の定、その子が暴れています。そのとき、周りの子どもたちの行動を見て、親は「この子ら、すごいな」と感じ始めます。そして、納得するまで学校に足を運びます。

そのうち、親自身が〝困った子〟を探して、そっと横にいるようになります。これが大人が変わっていく姿です。自分の親が「サポーター」に変身するんです。それを子どもが見て、私たちに「なあ、俺のママ、変わったと思わへん？」って聞いてくるんですよ。面白いでしょう？

こうして大人と子どもの信頼関係ができていきます。大空小学校にはマニュアルはありませんが、もし真似《まね》できるとしたら、ここではないでしょうか。毎日のように、大空小学校で起きていたことです。

一つ前に話した、算数の時間に暴れる男の子の場合もそうでした。

「どんな子が暴れてるんや？」と親は学校に見に来ます。最初はたいてい廊下からそっとのぞきます。

廊下から見ながら、暴れる子に対する周りの子どもたちの対応を見ていたお母さんは、どう思うでしょうか？　お母さんにも「学び」が始まり、いつしか「保護者」から「サポーター」に変わっていくのです。

電車の中で「うるさいな」と言う大人に、子どもは「助けて！」と言えますか？

たとえば電車の中で子どもがうるさくしているとしましょう。

たいていの周りの大人は、「静かにさせろよ」と心の中で思っている。でも、どんなにうるさくたって、相手は子ども。困っているのは母ちゃんです。静かにしてほしいけど、静かにならない状況。

そんなときに「うるさいな。出て行けや」と無言で冷たい視線を送る大人たち。それを見た子どもはどう思うでしょう。誰か困った子がいたとき、そんな大人に「助けて！」って言いに来れると思いますか？

残念ながら、そんな大人はたくさんいます。だから大人を変えるのは難しいんです。でも、教育は社会を変えます。だって子どもが大人になるのですから。子どもが変われば10年後、20年後の社会も変わるでしょう。

障がいがあって、親や介助員がついていても教室でわーっと暴れている子に、「うるさいな。あんなやつ、教室に置いておくなよ」と、言う言わないにかかわらず思っている大人がいます。

見える排除をする大人もいれば、見えない排除をする大人もいる。そんな大人も、自分の家族にたまたまそういう子がいなかっただけなんです。

もしも自分の子どもに重度の障がいがあったら、どうでしょう？

他人ごとを自分ごとに変えられない大人が多いのです。「自分だったらどうか」を想像していく、この力が人とつながるためには必要です。これを、大空小学校の子どもたちは「人を大切にする力」で学んでいくんです。

家庭でももちろんできます。

親たちも常に、「自分は、他人ごとを自分ごととして考える自分になっているかな？」と問い続けること。

そんな大人に、子どもは安心して心を開くのです。

人を大切にする力をつけるコツは「大人が正解を言わないこと」

知らないうちに「人を排除していく価値観」を子どもに植え付けるひと言

全国のセミナーで、あるお母さんに聞きました。

「子どもが帰宅して『授業中、暴れる子がいて、うるさくて授業できへんねん』と言ってきたら、どう答えますか？」

そのお母さんは、暴れる子のことを思っているつもりで、「『そんなん言うたらあかんで』と子どもに言います」との答え。

これってよくある**「思いやり……」という大人の正解ですよね。でも、まさに排除の論理なんです。**私たち大空小学校の教師も最初はそうでした。

「人を大切にする力」をつけるコツは、「親が正解を言わないこと」です。意外かもしれませんね。親は（教師も）、正解を言わなければいけないと思っているものです。さっきの「そんなん言うたらあかんで」という言葉は、そんなこと言ってはいけません、という指示命令です。

その裏には「あの子はかわいそうな子」という言葉がある。つまり、**「あの子はあなたと違ってかわいそうな子、格下の子」という差別が生まれます。**

「そんなん言うたらあかんで」のたった一言で、その価値観を植え付けてしまうのです。

「ねえねえ、その子って迷惑をかけようと思ってやってるの？　それとも困ってるの？　どっちなんやろうね」と問いかけてはどうでしょう。

ここから親子の対話が生まれます。

「そんなん言うたらあかんで」と言ってしまったら、そこで対話は終了です。

「人に迷惑をかけてはいけない」という今までの教育は、これと同じことをやってきたんです。

知らず知らずのうちに子どもに、他者を排除していく価値観を植え付けていたことに、どうぞお母さん、お父さんたちは気づいてほしい。

正解のない時代、「親の言うことを聞く子」は危ない

人が人として生きていく中で、正解なんてありません。

先生の言うことを聞いていたら安全、などという神話は、東日本大震災の大川小学校の悲劇を見てもわかるように、見事に崩れました。

想定外の中で子どもがどう生きるか。子どもに「ああしろ、こうしろ」と指示命令をして、親の言うことを聞く子どもをつくっていたら、子どもは自分の命も隣の人の命も守れない大人になってしまうのでは、という危機感からスタートしなくてはいけないと感じます。

子どもに「人を大切にする力」をつけたかったら大人が正解を言わないこと、と言いました。それは同時に、正解がないからこそ、問い続ける必要があるということです。この**正解のない問いを問い続ける力は、10年後の社会で生きて働く力になります。**

正解があると、問わなくなるでしょう？　まずは大人である母ちゃんが、常に「これでいいかな？」と自分に問い続けてみてください。簡単ですよ。問い続ける子ども

をつくるのも簡単です。母ちゃんが「あんた、どう思う？」と聞くだけでいいのです。

大人の思っている正解は正解と違います。たかが一人の大人の経験値で、未来のことなんてわからない。1分先のことさえわからないし、地球が潰れるかもしれない。正解が通用しない社会に出くわしたら、子どもは前に進めません。

ついでに言うと、大人が正解を持っているのに正解を言わない努力をしているのもアウト！　大人は、自分の過去の経験値や成功体験を正解にしているだけ。「言わないだけで、やっぱり正解持ってるやん」っていう時点でアウトです。〝正解を問い続ける力〟が、見えない学力なんです。

親自身も案外、「これって正解じゃないよね」と気づくことがありますよね。たとえば、横並び主義や同調圧力、偏差値至上主義、人に迷惑をかけない、などなど。

子どもが生きづらくなるから、つい、「こうしなさい」と言いたくなる気持ちもわかります。私もそんな親でしたから。

でも親の自分も「ああ、そうか」と気づいて自分を変えていく。この正解を問い続ける親としての自分を変えていく覚悟は、お金もいらない、他者の力もいらない、自分だけでできること。この覚悟は、子どもを大きく変えていきます。

こんな対話で「信頼関係」が生まれる

「言うことを聞かせる」をやめて、「聞く」「受け止める」

子どもに言うことを聞かせようとしているお母さん、お父さんは多いでしょう。言うことを聞かせようとするから子どもは納得せず、そっぽを向くんです。

反対に、言うことを聞かせようとすることをやめると、子どもは「ねえねえ」と勝手に寄ってきます。

どういうことかというと、**子どもが何を言っても、一言も口をはさまず、とにかく子どもの言うことを、「聞く」「受け止める」こと**。これ、本当ですから、ぜひ家庭でやってみてください。

自分の言うことを聞いてくれそうだと思ったら、子どもが大人に寄ってくるのは当たり前なんです。

たとえば「今日、学校でAちゃんが暴れて大変だった。何とかしてー」と言ってきたら、まず、「ああ、そうなんだ」と受け止める。「そうなんだ」と一度受け止めただけで、「おお、聞いてくれた」と子どもは思います。

いったん受け止めることをせず、「そんなことを言っちゃダメでしょ」などといきなり正解を言ってしまったら、それで対話は終わってしまいます。

「ゲームをやめなさい」と怒るのは逆効果！ 親が変われば子どもは変わる

この話をあるお母さんにしたら、親子の関係性が変わり、対話が生まれたそうです。

そのご家庭では、息子がゲームをやめず、「ゲームをやめなさい！」と毎日のようにケンカになっていました。

息子さんは、ゲームの話だけはよくお母さんにしていたそうです。でも、ゲームが嫌いなお母さんはゲームの話なんか聞きたくない。口を開けば、「いつまでやってるの！」「宿題は？」という小言や指示命令ばかりでした。

ある日、意を決して、子どものゲームの話を（我慢して）最後まで聞いたそうです。

そうしたら、息子さんが「ねえねえ」と言って、面白い動画をお母さんに見せに来たそうです。その日、いつも反抗的な息子さんが素直に行動しはじめたのだとか。

そんなことは今まで一度もなかった、とお母さんはびっくり。

子どもの話を受け止めただけで、親子の関係性が変わったんです。

これで第1段階クリア！　スタート地点に立ちました。

指示命令をし続けてきたそれまでの親子関係があるので、時間はかかるかもしれませんが、いつも子どもの言うことを受け止めることが日常的にできるようになったら、次の段階に行きましょう。

逃げる子どもを追いかけるのはNG

たとえばニュースを見ながら、「お母さん、これがわからないんだけど、あなたはどう思う?」と質問したり相談したりします。

ゲームの話で関係性ができると、親はついゲームの話でつないでいこうと思いがちです。でも、親が子どもを対等に信じて、「これ、どう思う？（あなたの意見を聞かせて）」と聞いてみる。

ただし、すぐに素直に答えてくれて、親子関係が改善するみたいな変な期待はしないこと。


何を聞いても「別に」「うるさい」「面倒くさい」「わからない」しか言わなかったら、しつこく追いかけないのもコツです。


子どもが逃げていくときに追いかけるのはＮＧ。

「残念！　バイバーイ」とあっさり引き下がりましょう。

しつこくすると、せっかく築いた関係が元に戻ってしまいます。

大空小学校でも、ありました。せっかく先生が自分を変えて、子どものほうから来てくれるような関係性ができてきたのに、あるとき、子どもに「うるさい、そんなん知るか！」と言われた途端、「ちょっと待て！」とか言って先生が怒ってしまった。これでほんの少しできた絆が切れて、マイナスのスパイラルにはまってしまうんです。

そんなときは、笑いで終わらせる、しつこく追いかけない。

私は学校でも、「それは残念！」などと言って軽くおどけながら子どもから離れるようにしていました。そうすると不思議なもので、「なんで人がしゃべってる最中に出て行くねん」とぶつぶつ言いながら子どもが帰ってきたりします。

軽い笑いに変えると、「あなたは悪くないよ。そういうこともあるよね」という空気になります。こういうときにその場がスカッと軽くなるような言葉をいくつか持っておくといいですね。関西人はちょっと有利かな（笑）。

この本を読んでいるお母ちゃんたちも今、意図的に変わろうとしているときですよね。でも今まで何年もかけて子育てしてきた関係性を、急に変えることはできません。

親の勝手で、親の都合で親が変わるわけですから、子どもが急にその穴を埋められるわけがないと肝に銘じて、子どもに学ばせてもらう気持ちを忘れないでください。

どれだけ子どもを一人の人間として尊重しているか。これが大事なんです。

人との違いを認め合う心が育つ「たったひとつの約束」

「自分がされていやなことは人にしない、言わない」

大空小学校では、「たったひとつの約束」があることはお話ししました。それが「自分がされていやなことは人にしない、言わない」。

これは、「ルール」ではなくて「約束」であるところがポイントです。

約束とルールは違います。なぜなら、約束は破るもの。

私たち大人だって約束した時間を守れないことがありますよね。「やります」って言っても三日坊主で守れないこともある。約束を破ったら、破らない自分になるために「やり直し」をします。これが約束です。

ルールや校則などの規則は、守らないといけないもの。つまり、破ったら罰があるんです。自分のためにやり直しをするか、ルールを守るために罰ゲームをするかの違いです。

4つの力をつけるために、大空小学校では校則や一切のマニュアルをなくしました。だって校則は正解ですから。

その代わり、すべての人（子どもだけでなく、教員や保護者など大人も）が安心して他者との違いを対等に学び合える空間にするために、「たったひとつの約束」をつくったんです。この約束がなかったら、学校に来られない子もたくさんいたと思います。たとえばAという子がBに、「お前なんか嫌い。もう一緒に遊ばないから、あっちに行け」と言ったとします。

よくありがちなのは、Aが「俺は同じことを言われてもいやじゃないから、俺は悪くない」というケース。たったひとつの約束は「自分がされていやなことをしない、言わない」ですから、こういう理屈を言ったりすることがあります。

でもね、Aみたいな子って実は、家で親にもっといやなことをされていたりする。虐待されていたり、つらいことをいっぱい言われたりしている子は、いちいち敏感に反応していたら生きていられないから、自分にバリアをつけて生きている。それがその子のプライドなんです。

でも、反対に「あっち行け」「死ね」と言われただけで学校に来られなくなる子もいる。**感じ方や受け止め方、それぞれみんな違うから学びがあるわけです。**

こんなとき、私はAにこう言います。

「それ、ちゃうやん。自分が言われてもいやじゃないから悪くないって、それだとつまらんやんか。そこの自分で終わっちゃあかんねん。あんたは強いやろうけど、でも、もしな、あんたがBやったらって想像してみ。あんたの言った言葉、どう思う?」

するとAは、「俺がBやったら傷つくな」。

「そしたらBはつらいやん」「そうやな。謝ってくるわ」

こうなると、それ以降、Aは**「自分は大丈夫だけど、相手はどうだろうか」と想像できるようになる。**

人の心を傷つけてしまったら「反省」ではなく「やり直し」をする

大空小学校では、物を傷つけても一切怒られません。だって机だって何だって、物は使っていれば傷つくし、壊れるものですから。物は壊れるけれど、修理することもできます。でも、人の心を傷つけてしまったらなかなか治せません。

多くの学校がするように、**誰かが誰かを傷つけたら反省させることもしません。その代わり、「やり直し」**をさせるんです。

「やり直し」とは、Aが傷つけてしまったBのためにするのではなくて、傷つける言葉を言ってしまったAが、そんなことを言わなくてもいい自分になるためにやる。すべては自分を高めるためにやるんです。

子どもの「ジャッジ」ではなく本音の「通訳」をしよう

「やめなさい」「謝りなさい」ともめごとの仲裁をしていませんか

子ども同士にトラブルがあったとき、ただ教師や親が「いじめはやめなさい」「謝りなさい」と言ってしまったら、そこでおしまいです。子ども同士にまったく学びは生まれません。こんなふうに**大人は「ジャッジ」するのではなく、子どもの本音を「通訳」する**ことです。

大空小学校でも、**子ども同士のトラブルなどは毎日、山のようにありました。でも、「いじめ」にはつながりませんでした。それが「通訳」の力です。**

たとえば子どもが「死ね」と言ったとしたら、「死ねなんて言うたらあかん」と一喝するのは簡単です。でも、これはジャッジですよね。

大空小学校には毎年、1年生が入学してくるし、転校してくる子もいます。「たったひとつの約束」を6年間守り抜いている子もいれば、突然来て、「たったひとつの約束ってなんやねん！」と言う子も当然います。だから、面白いんですけどね。うざい、消えろ、なんて連発する子もいますよ。それでも絶対に大人はジャッジをしません。

「うざい、消えろ、死ねなんて言うたらあかん」のではなくて、「どうしたらこの子は死ねって言わんですむやろうか」と考える。

『みんなの学校』の映画の中であったシーンですが、ある男の子が友だちに悪いことをしてしまった。自分が悪いとわかっているけれど、どうしていいかわからず、校長室に来てソファに寝転がったんです。

そのとき、私は「今やったら、謝りたいって言ったら、謝らしたるで」と上から目線で言ってしまった。すると彼は私に向かって「死ね！」と叫びました。

普通なら「なんやねん、校長に向かって！」と言いたくなるところですが、彼の「死ね」は意味が違いました。彼は前の学校で周りからうっとうしがられ、「お前なんか死ね、消えろ」と言われ続けてきた。だから校長に「あっちに行ってほしい」という意味で「死ね」という言葉を使った。これが子どもが言う「死ね」「うざい」です。

子どもが怒ったときに「死ね」「うざい」「消えろ」「殺すぞ」と言ったら、私らはジャッジせずに、こうして通訳します。

大空小学校ではしょっちゅうあることですが、AがBに「死ね」と言った。Bは「死ねって言われた」と怒ります。そこに私が現れたら、私はAに、「わかった。Bに死んでほしいねんな？」と聞きます。

A「誰も死んでほしいなんて言うてへん」

私「だって今、死ねって言ってたで。言うてたよなあ？」

B「死ねって言うた！」

するとAが、「だって、こいつが俺の大事にしているものを放《ほう》ったからや」とか言ってくる。ここでようやく、**「死ね」という言葉でしか言えなかった本当の言葉が口から出てくる**んです。

そしたらBも、「そう言うてくれたら、わかるやん」ってなって、「それならわかった、ごめん」「俺もごめん」とか言って、2人で肩を組んで行ってしまいます（笑）。なんやねん、という感じですよね？　これが子どもの本音を引き出す大人の通訳です。

子どもが言葉にできない本音を通訳する

この方法、家庭できょうだいゲンカで悩んでいるお母さんにも使えますよ。

よく親がやりがちなのは、ジャッジはしないまでも、「なんでそんなこと言うの？」と理由を問いただすこと。これでは子どもは本音を言ってくれません。

子どもにとって「死ね」ってね、大人が感じているような、言ってはいけない言葉ではないんです。「死ね」と言っていても、死んだら困るのはわかっているから。子どもだって善悪はわかっているのです。

子どもの本音を聞かずに「死ねっていったらあかん」と言って、Ａの親にも指導が入ったら、ＡとＢの関係性はずっと分断されたままで、いつか恨みを晴らすことになります。これがいじめにつながります。

いじめを生んでいるのは、子どもではありません。子ども同士のトラブルをきっかけに、大人や教師が指導してしまうからです。残念ながら、これが今の学校現場です。

大人の通訳で、子どもは社会に通用する力を実体験で学びます。

「死ねっていう言葉の中には、こんな気持ちが詰まっていたんやな」って。そんな積み重ねの中で、人を大切にする力が自然にたまっていきます。

間違ったところから「やり直し」すればいい

「やり直し」とは、大空小学校のたったひとつの約束「自分がされていやなことは人にしない、言わない」を破ってしまったときに、**自分を見つめ直し、自分で考えて、自分のためにやり直しをする**ものです。

今後、同じことをしない自分になるためにどうしたらいいのかを自分で考える。自分自身を振り返るための場、難しい言葉で言うと「メタ認知」の場です。

私自身も何度も子どもたちから学び、気づき、やり直しをしてきました。

たとえば私が一人の子どもに関わって、その子が「たったひとつの約束」を破ったとします。「俺、やり直しするわ」と言って、私が「いいよ」と言うだけだったら、これは木村という一人の目でしかこの子を見ていないことになる。

そうではなくて、必ず複数の目で子どもを見る体制をつくろうという意味で、やり直しの部屋として校長室があるんです。

校長室なので、お客さんがいようがいまいが、「やり直しに来ました」と子どもが入ってきます。くり返しますが、やり直しは自分のためにするもの。友だちとトラブルがあって、その友だちとは和解していても、担当の先生が納得していても、やり直しの部屋に来て、自分自身はどうかと振り返る。

校長室に子どもがやり直しに来たら「いらっしゃい」と言うだけで、あとは何も言いません。出て行くときは「大丈夫?」と聞いて、「うん」と言ったらそれでおしまい。なかには、ブーたれて来る子もいますよ。「先生が行けって言ったから、やり直しに来た」などと言ってね。

これでは、やり直しがルールになってしまっている。この違いは微妙だけど大きい。そんなときは、「じゃあ、巻き戻し〜」と指をくるくる回して部屋から出してしまいます。すると、関わってた先生も来て、「あの子、やり直しに来ましたか?」と言う。「巻き戻しって帰ったで。先生に言われて来たって言ってたで」と言うと、「あちゃー」と、先生自身もやり直しをする。しばらくしたら、子どもがさっきとは全然違う顔でニターッと笑いながら、「やり直しに来ましたー」と入ってきます。

きょうだいゲンカを親が叱るのは逆効果

このやり直しは、学校でなくても家庭でも十分できますよ。

たとえば、きょうだいゲンカでお兄ちゃんが弟に「死ね！」と言ったとします。親は「お兄ちゃんが言いすぎ」と言ってすぐジャッジをしないで、どっちの味方もせず、通訳をします。

通訳をするときに大事なのが対話。「自分が弟だったらどう思う？」と聞いてみる。

これも最初はうまくできないかもしれませんが、親自身も4つの力を使って、「ジャッジしないで通訳」を試していく。案外、大人が「私、いつもここでジャッジしていたな」と気づくかもしれません。

ジャッジばかりしていると、子どもは親を信頼しなくなります。

「どうせ俺が悪いんだろ」

「いつも怒られるのは俺のほうだ」

「どうせ俺の言うことなんて聞いてくれないんだろう」

その積み重ねで大人になっていきます。

私だって、自分の子育てではできていませんでした。ずっと忙しく働いていて娘たちはすっかりおばあちゃん子。その中で「たったひとつの約束」だけは守らなあかんで、と言い聞かせていました。

でも、今思えば、これも正解を子どもに与えていただけ。「この約束を破ったときだけは、お母ちゃんは怒るで」とペナルティにしていましたから。自分の子育てなんて、こんなもんです。私自身に失敗があるからこそ、自分の子どもを見ないで、周りの子を育てよう、自分の子どもは周りに育ててもらおうと、言えるんです。

子どもは親の行動をちゃんと見ていますよ。「人のいやがることをしない」と口では言いながら、お母ちゃんだってできていないくせに、とかね。

だから家庭でもたったひとつの約束を守りたかったら、**「ごめん、お母さん今、間違ったわ」「いやな思いさせたね。ごめん」と失敗を素直に認められるか。大人も子どもと対等に「やり直し」をする。この寛容力を持つことが大事です。**

できて当たり前ではなくて、できなくて当たり前。家庭ではリハビリ期間をとって、焦らずぼちぼちやっていきましょう。

みんな違って当たり前。自分らしさを大切に

「男子がピンクのカバンを持っていてもかっこいい」と言える空気

子どもたちがどんな「空気」を吸って大人になるか。これがすごく大事です。今まで学校に通えなかった子が、大空小学校には休まずに通ってくる。「前の学校と、何が違う？」と聞くと、子どもたちはなんて答えると思いますか？

「空気が違う」と言うんです。

たとえば、転校してきた男の子がピンクのバッグを持って、ピンクのゴムをして来たとします。そうすると「ピンクってかっこええな」と言えるのが大空小学校の子です。決して否定しないんです。

今の子どもたちの多くは、自分が自分らしくしていてはいけない、という空気を吸っ

ています。昔ならランドセルは女の子が赤、男の子は黒でした。

今はランドセルもカラフルになってきましたが、カラフルはランドセルだけではダメ。この多様な時代に、「男子は」「女子は」とか、「学校は勉強するところ」などと言っても、そこに何も見いだせない子は山ほどいます。

どうして学校に来られない子がいるかというと、「普通」という枠を学校が持つから。普通のことをできるように、普通というスーツケースに入れようとするから、長い棒の子は折られ、スーツケースに入れられてしまいます。

人は一人一人違うとよく言いますが、違わなくちゃあかんのです。

どんな空気をつくれば子どもたちが安心して、ありのままを出していけるか。この空気があれば、みんな変わってくると思いませんか？

「学校の中でいちばん安心する場所が大空の職員室です」

大空小学校には、教育関係者をはじめ、多くの方がいらっしゃいます。そのときにゲストを案内するのは6年生の子どもたち。

この章で、校長室で寝転がって私に「死ね！」と言った男の子の話をしましたね。この彼がある日、他府県の教育委員会の教育長を案内していました。彼が最初にゲストを案内したのが職員室。ガラッと開けて、「ここが職員室です。どうぞお入りくださいい」などと言って。たまたまこのときは職員室に私と養護教諭がいて、お茶を飲んでいました。

ゲストの方が「職員室はちょっと……」と遠慮していると、彼は「どうしてですか。どうぞどうぞ」と言いながら、「この部屋は学校の中でいちばん散らかっている場所です」と言う。そして、こう紹介したんです。

「ここは職員室と言って、大空の子どもたちがいちばん安心する場所です」

彼は4年生で転校してきて、最初は大空小学校の誰も信じていなかった。口を開けば「死ね」と言っていたような子が……。

案内するのに原稿はありません。自分の言葉で語るのです。

ゲストの方が「えっ、おっちゃんなんて職員室に入るのもいややったのに、なんでいちばん安心する場所なんて言うの？」と質問しました。

彼は「えー、なんでですか？　それはかわいそうでしたね」と言って、その後、こんな説明をしたんです。

「だってね、どんな困ったことがあっても、職員室にさえ来ればなんとかなる。それが大空の職員室です」

すごいでしょう？（コーヒーがのどにつまりそうになりましたが……）この言葉に、大人は、学校は、学ばないといけません。

そしたらまたゲストが、「なんで職員室にさえ来ればなんとかなるんですか？」と聞いた。

私はお茶をすすりながら、ひそかに、「だって、ここには校長がいるから！」と言われるかもと。彼とはとてもつながりが深かったこともあり、もしそう言われたら、どうリアクションしようかとまで考えていた（笑）。それくらい私自身、認識が低くて、価値が低い人間なんです。そうしたら彼はこう答えました。

「だって、ここにはいつも、大空の大人たちがいます」って。

これが「みんなの学校」ですよね。〝大人たち〟って誰だと思います？　まずは自分の周りにいるサポーター（友だちの保護者）です。また、保護者以外の地域の住民です。これが大空小学校の子どもたちの、〝いつも周りにいる大人〟です。

私たち教職員は、その中にちょこっと入れさせてもらっている。だから職員室はすべて地域なんです。地域の心臓なんです。

ゲストの方からは、その後、「学んで帰りました」とお手紙をいただきました。大空小学校にはゲストの方が拍子抜けするくらいマニュアルもノウハウもない。ただ、「空気」を吸って帰られます。でも、この吸った空気は、自分の中にたまります。

子どもたちも同じです。その「空気」を自分の言葉でどう発信するか。これが「見えない学力」ですよね。

空気を吸って、自分が自分らしくいられたら、勝手に子どもたちは、育っていきますよ。

第2章

自分の考えを持つ力

——すべての学力の源になる「主体性」を育む

「文句」と「意見」の違い、知っていますか

誹謗中傷を「自分の考え」と勘違いしている大人たち

「自分の考えを持つ力」とは、たとえば「先生はこう言うけど、俺はこう思うねんけどな」とか、「お母さんはこう言うけど、私はこう思う」とか、大人の前で子どもが自分の考えを持つことです。

先生の言うことをよく聞いて、いい評価をされてほめてもらう。それで昭和の時代はよかったかもしれません。でも、社会に出て評価してくれる人がいなかったり、評価されなかったりしたら、その人はどうなるのでしょう？

社会に出れば、いろいろな人がいます。今まで１００点をとってほめられていた子が、社会に出て上司に「何やってるんだ！」と怒られた途端に心がポキンと折れて会

社に行けなくなってしまったり、逆に「なんで私が怒られなくちゃいけないんだ」とキレてしまったり。現実にもよくある話です。

今はSNSなどを使って誰もが自由に自分の考えを持って発信することができる世の中です。このこと自体はいいことだと思いますが、その半面、自分の正義を主張する人もよく見かけますよね。

勘違いしてはいけないのは、それがイコール「自分の考えを持つ」ではないこと。**言いたいことを言ったり、正義を主張したり、誰かを誹謗中傷《ひぼうちゅうしょう》したりするのは、「自分の考え」ではなく、ただの「文句」です。**自分の考えを持っている〝フリ〟をしているだけ。

確かに文句も「自分の考え」の中の一部ですが、それを表現して、表現の仕方によって人が傷ついたら、それはもう「自分の考え」ではありません。

正義の主張を自分の考えとしてしまう今の社会。でも、それで誰かが傷ついたり、死んでしまったりしたら、それでも「自分の考えを述べただけ」だと言い切れるでしょうか。

自分の考えというものは文句と違って、もっと尊重されるべきものです。

いろいろな違いがある他者と共に生きる社会をつくるために、子どもは教育を受けます。この目的が外れてしまうと、「自分の考え」は「誹謗中傷」に変わってしまいます。だから、大前提の目的として「多様な他者とともに想定外を生き抜く」があります。この目的につながるための「見えない学力」でなければ、意味がありません。

もし、気に入らない芸能人や政治家に「消えろ」「死ね」などと言っていることが自分の考えだというのなら、その考えの先に、みんなが幸せになる社会がありますか？

新型コロナウイルスの自粛期間中の「自粛警察」も、多様な社会をつくるのに反した、間違った正義感の典型でした。「誰かが公園で遊んでいる」「営業している店がある」と、他人の行為を批判して自分の正義を主張する人がいる。

まさに**横並び主義、同調圧力**です。「みんな家にこもること。このルールを守れよ」「俺もしんどいんだから、お前も同じ気持ちを味わえよ」ということです。

一つの行為に対して、「そういう人もいるよね」と思えない。これでは決して他者を尊重することはないでしょう。

この力を育むためにも、たったひとつの約束は欠かせません。

文句を意見に変えるのは「リーダー」の条件です

大空小学校では、６年生になると全員がリーダーになります。６年生とは呼ばず、どの子もみんな「リーダー」と呼ばれます。

たとえば**１年生に６年生が「リーダー、リーダー」と呼ばれて頼られるでしょう。もうリーダーたちの自尊感情は最高にアップしますよ。**

このリーダーには条件が３つあります。

これも職員室で、「リーダーって、どんなことが必要かな?」と、ああでもない、こうでもないとみんなで対話をしながらつくりました。対話の中から生まれているから、みんな納得しています。

①先生に頼らない
②しんどい、いやな仕事は自分がする
③文句を意見に変える力を持つ

「① 先生に頼らない」となったら、目の前に困った子がいたら、とにかく自分で行動してなんとかしようと主体的に考えて行動します。そうすれば、「先生が何もしてくれない」なんて言えませんよね。

「② しんどい、いやな仕事は自分からする」。これは、**えらい人ほど、いやな仕事を下の人に押しつけがち**になります。この条件があると、校長は何かトラブルがあると真っ先に駆けつけるようになりますよ（笑）。

教員がインタビューを受けているときに聞いた言葉ですが、「うちの校長は、困ったことがあると誰より先に走って行きます。それで半分くらい失敗しますよ」と……。「その失敗を私たち教職員がフォローするんですよ。**困ったときにいちばんに走って行くリーダーを見て、私らが動かないわけにはいかない**じゃないですか」と話していました。

私自身、「行くのいややな。行ったら失敗するかもな。自分の立場が悪くなるな。なんか言われるんちゃうかな」と思いましたよ。リーダーなら誰でも絶対思うはず。でも気がついたら走ってる。だからカリスマ校長でもなんでもないけど、とにかく行動する。行動は目に見える、だから失敗も怖くなくなるんです。それに失敗したら誰かが助けてくれますから。そうしてチームができているんです。

そんな**失敗している大人を子どもたちも見ていますから、子どもたちだって失敗が怖くない**んです。

そして「③文句を意見に変える力を持つ」。文句が多いということは、それだけ意見を持っているということ。でも、ただの文句だと、吐き出して終わり。**文句を意見に変えれば、必ず主体性が出てきます。**

意見が言えるようになると、学びって、ぐんと楽しくなるんですよ。

「みんな遊び」が苦手だった子がリーダーになって成長

前の学校で、みんなから「出て行け、邪魔、死ね」と言われていたような子も、6年生になると、その子なりにリーダーになります。

「みんな遊び」が大嫌いだったある男の子もその一人。その子が6年生になったとき、

「校長先生、僕はもう校長室には来ません」と宣言しました。

「なんで?」

「だって休憩している暇はないんです。僕はリーダーですから」

よく校長室のソファで寝転んでいた、あの子です。「そう、短かったね。はい、わかりました。じゃあ、さようなら」と私は言いました。私は「猿もおだてりゃ木に登る」なんて悪口を言いながら、でも彼をとてもリスペクトしていたんです。

そうしたら授業が始まって校長室に戻ると、その子がソファに寝転がっているじゃないですか。「あんた、さっき言ったばっかりやん」と上から言うと、彼は私に「黙れ」という仕草をしながらむくっと起き上がって、こう言ったんです。

「だから校長先生はダメなんです。僕は今、リーダー休憩中です」

授業中に力を使い果たすと、リーダーの役割が果たせない。だから今はリーダーを休憩しているんだと。そして、チャイムが鳴ったら「行くぞー」って、また出て行ったんです。

運動場に出ると低学年の子どもたちが「リーダー、遊ぼう」と言ってまとわりついてくる。実は彼は、こういう「みんな遊び」が大嫌いなんです。でも、休み時間の10分、20分、大嫌いな「みんな遊び」をリーダーとしてやっている。だから疲れ果ててしまう。それは、授業中まで頑張ったらリーダーはできなくなりますよね。

彼にとっては授業よりもリーダーの役割のほうが優先順位が高かった。だから校長室に休みに来たんです。私は心の底から納得しましたし、彼から学んだことは貴重でした。

大空小学校では、５年生はサブリーダーになります。卒業前に６年生から５年生に「リーダーの条件」が書かれたバトンを渡すんです。５年生には６年生への憧れと同時に、「自分はもっといいリーダーになってやる」という気持ちが入り交じっています。

６年生の１年間で、みんな自分なりにリーダーの力を獲得していきます。

すべて自己評価なので、できたとかできないとか、教師が評価することはありません。私が在籍していた９年間、誰一人として横を見ることなく、人と比べることなく、全員が自分らしく前を向いて誇らしげに卒業して行きました。

文句を意見に変える大人を見て、子どもは自分の考えを持つことを学ぶ

文句を意見に変える力を大人もつけてください

序章で大空小学校の入学式の話をしましたが、入学式でもう一つ、私が必ず保護者に話していたことがありました。それが「大空は一切文句を受けつけない学校です」ということ。

これだけ聞くと保護者は「ヒェーッ」と思いますよね。そこで私は先にお話しした「リーダーの条件」について話をします。

「文句を意見に変える力をつける」こと。これを保護者の皆さんにもお話ししています。

先のＳＮＳの例でもわかるように、文句とは良くも悪くも社会を変える原動力になります。でも、**文句として言ってしまったら、誰も幸せになれない、未来にもつなが**

らない、人と人がつながらない。だから、「文句」ではなく「意見」を言うんです。

文句を意見に変える力を、子どもだけでなく大人もつけます。

家庭でも、親が子どもに文句を言ってしまいがちですよね。子どもはそれを見て真似します。家庭では親は子どもにとってのリーダーですから。

お母さん、お父さん自身も「文句を意見に変えて伝えてみようかな」と、挑戦してみてください。ちょっとずつかもしれませんが、きっと親も子どもも周りの環境も変わっていきますよ。

モンスターペアレントを生む「人のせいにする」心理

学校に対してももちろん同じ。

「校長、これどうなってんねん。これじゃ困るねん」。これは文句でしょ？

「校長、こんな問題があるんだけど、やめたほうがいいと思うよ」。これは意見です。

その代わり、どんなに耳が痛い意見でも意見ならオールＯＫと言い切ります。なぜなら、６年生であるリーダーは先生に頼らないんです。必然的に、親も学校を頼らないでしょう。だから9年間、モンスターペアレントはゼロだったのです。**「先生が悪い」「家庭が悪い」「〇〇くんが悪い」……人のせいにするのは全部文句です。人のせいにしているうちは、学びの本質は生まれません。**

　モンスターペアレントができるのは親が学校を信頼していないから。そして学校も親を信頼していないからです。だから「先生の教え方のせい」にしたり、「お母ちゃんの育て方のせい」にしたりするんです。そこからは何も生まれない。親が学校に頼っている間は、自分の子どもは育ちません。

　そして、**母ちゃんは心配だから学校に来る**のです。モンスターペアレントは学校がつくっている。学校が変われば、モンスターペアレントはなくなります。まず学校は、心配している母ちゃんがどうしたら安心するだろうか？　そう考えたらいいのです。

　校長と母ちゃんの一対一の信頼関係を築いてもダメ。その母ちゃんの周りにはたくさんの保護者がいます。「あの母ちゃんと校長、べったりやねん。信じたらあかんで」ということになる。保護者を変えるのは保護者同士しかありません。子どもを置き去りにせず、周りのママ友との信頼できるつながりがあれば、学校は母ちゃんを脅かす場所ではなく、安心できる場所になる。そういうことが実際にたくさんありました。

学校でケガをさせた、させられたとき、どうすればいい？

大空小学校時代、たくさんのことがありましたが、今でも忘れられない、そして多くのことを学ばせてもらった事実があります。

ある1年生の女の子に、暴れていた男の子がぶつかって、永久歯の前歯が折れてしまったことがありました。

まず私たちは、**「もしも自分の子どもが女の子と同じ立場だったら」と想像するところからスタートしました。**ケガをさせた男の子は確かに乱暴だし、ちょっと動いたらケガをさせるような子です。

こんなとき、**ケガさせたほうに謝らせればいいということではなくて、女の子とその母ちゃんが、どうしたら安心して納得してくれるだろうかを一緒に考えます。それしか学校にできることはないんです。**

なぜなら、責任は１００％学校にあるんです。学校はだいたい親のせいにするけれど、学校で起きたことは１００％学校の責任。学校で責任をとるのは校長だけです。

1ミリも親のせいではありません。ケガをさせた子が家庭でどんな育てられ方をされたとか、しつけがどうとか、虐待をされているとか貧困だとかは関係ない。このジャッジを学校が間違えると、親がモンスター化していくことになります。

ひとまず折れた前歯をくっつけたものの、大人になるまでに取れるかもしれない。だから私たちは彼女が大人になるまでにこの歯をインプラントに変える、保険の保障まで教育委員会に取り付けました。「母ちゃん、こんなことしかできんけど」って言って。校長も代わるだろうから、金庫に書類も残して引き継げるようにもしました。これがハード面。

あとは気持ちの面です。でも、男の子の親は、すぐ謝るような人じゃない。「女の子がそこに立ってるほうが悪い」と言いそうです。その後、彼の母親から謝罪の電話が女の子の親にかかってきたそうですが、形式的で、全然悪いと思っていないことが伝わるようなものだったそうです。

当然、女の子の母ちゃん、父ちゃんは納得できず、不信感が募るばかりで眠れないほど悔しかった。

「母ちゃん、腹立ったやろ？　でもな、人ってそれぞれいろいろな経験をしていて、何度も人に裏切られて生きてきた人もいれば、人を信頼して生きてきた人もいる。あの子の母ちゃんは、社会を恨むことで生きてきたと言った。そういう親に彼は育てられてるやんか」と私は言いました。

「あの子はいじめたろうと思っていじめたわけじゃない。子どもに責任はない。あの子のこと一緒に考えてあげなあかん」とも。

するとその女の子の母ちゃんが少しずつ変わってきました。彼のことも一緒に育てる、という目を持ってくれるようになったんです。

こういうことは、たいていはほとぼりが冷めたら終わりです。でも、このケースはそうではなかった。私たちは6年間、このことを抱えて過ごしました。永久歯が折れたということは、彼女にとっては一生の問題ですから。

女の子の親も本当にたくさん葛藤しましたよ。でも、「相手の親を責めることはできひんな。起きてしまったことは仕方ないな」と感じてくれたおかげで、女の子自身にもそれが伝わったんですね。

それから6年間、卒業するまで、その女の子は、ケガをさせた男の子の唯一の味方になってくれたんですよ。

学童保育で先生が男の子を怒ったときなんか、「この子は悪気があってやってるんちゃうで」とかばってくれたり。本当に心の温かい、やさしい女の子になってくれました。男の子も見事にやさしい子に育ちました。

そして卒業するとき、彼女は「先生、まだ歯、ついてるよ！」と笑ってくれました。彼女のお母ちゃんも、「先生、もう安心して。うちの子が反対に誰かをケガさせることもこれからあるかもわからん、お互いさまや。いい勉強した。ありがとうな」と言ってくれました。

このケースでは、女の子のご両親が本当に立派でした。そういう意味では女の子の母ちゃん、父ちゃん、そして女の子自身も「見えない学力」、４つの力をしっかり身につけた出来事でした。

私たちも６年かけて、覚悟を持って過ごしてきました。でも、これなどすごいことでもなんでもない。この覚悟というのは学校の当たり前の仕事なのです。

子どもの考える力を引き出す親の言葉

大人が正解を教える習慣で、子どもは考えなくなる

子どもの「自分の考えを持つ力」を奪っているのは大人です。**大人が先に考えを出してしまったら、もう子どもは何も言わなくなります。**第1章で「親が正解を言わないこと」「正解を問い続ける力が大事」だと言いましたね。大事なことなので何度でも言いますが、親はよかれと思って自分の経験値の範囲内の狭い正解を言ってしまいたくなるもの。でも、正解を教えてしまったら、正解のない問いを問い続ける力など、生まれないのは当たり前です。

ここで母ちゃんたち、立ち止まって考えみてください。**今の世の中に正解ってあると思いますか？** 親の言うことをよく聞いて一流大学に入ったら、みんな幸せになれ

ますか？

「正解を持ったらあかん」「正解を持たないようにしなければ」などという努力ではなくて、親自身が「正解なんて、やっぱりないよな」ってストンと納得できるかどうかです。ここを外したら、その先は難しいかもしれません。

「言うことを聞きなさい」から「あなた、どう思う？」へ

子どもは問われることで、意識するようになります。

たとえば家で親がニュースを見ているとき、「これ、おかしいんちゃうか？」などと、つい感想を言ってしまうことありますよね。親というのは家庭では素《す》の自分が出ますから、つい本音がぽろっと出てしまう。そういうのを子どもはよく聞いています。

そんな親のぼやきが、知らず知らずのうちに価値観を植えつけてしまったり、正解を押しつけることになったりしないかと、心配になりますよね。

でも、こういうときこそ、魔法のひと言です。もし、そこに子どもが一緒にいたら、「あんたはどう思う？」と聞いてみたらいい。

子どもはすぐに答えてくれないかもしれません。だから、それまでの親子関係の巻き戻しから始めるリハビリ期間が必要なんですよ。

なぜなら、それまでの親子関係で「親の言うことを聞きなさい」とか、上から目線で小言ばかり言っていた親が急に「あんたはどう思う？」と対等に意見を求めてきたりしたら、「今さらなんや？」と思うのも当然です。

親は得てして自分を主語にして「私が変わり始めているのに、この子は何も変わってない！」と思いがちですけど、子どもを主語にしたら、「なんや、急に。気持ち悪い」となりますよ。

これまでの親子の関係性の中で子どもの考えや意見を聞こうという考えがなかった母ちゃん、父ちゃんが、この本を読んでとってつけたようにやり始めても、ダメ。リハビリ期間を取らないと、傷口に塩を塗るようなもの。子どもは「自分の考えなんか言わんほうがマシや」と思ってしまう。

「あんた、どう思う？」を何度も日常の言葉として当たり前のように繰り返して、子どもが「母ちゃん、父ちゃんに本音を言っても大丈夫だ」と安心したとき初めて、子どもは何かを言ってくれるでしょう。

自分の考えを持つ力を育んだ10行メッセージの極意

「楽しかったです」ではなく「何が楽しかったか」を自分の言葉で書く

大空小学校には「さよならメッセージ」というものがあります。全校で必要な学力として取り組んでいたことです。

「さよならメッセージ」は、毎日帰る前に全員が書くもの。そこに書くのは、「その子自身にしかわからないこと」です。わかりやすく言うと、**「自分から、自分らしく、自分の言葉で語る」**です。

「今日は遠足に行って楽しかったです」などというのは、みんな知っていること。そうではなくて、「何が楽しかったのか」を自分の言葉で書く。

B5判の半分くらいの大きさの紙に、10行くらいの線が引いてあります。日にちと名前と10行の線だけの紙ですが、条件はたったひとつ。「最後の10行目まで書く」こと。書きすぎもダメですから、裏には一切書いてはいけません。

最初の頃は、みんなそんな経験はありませんから「面倒くさいなあ。なんでこんなん書かなあかんねん」と、何人も逃亡して帰ってしまいました。

なかにはものすごく賢い子がいて、1行に1文字ずつ「お」「も」「し」「ろ」「く」「な」「か」「っ」「た」「。」と埋めていました（笑）。

いくら「書きなさい」と言われても、書きたくなかったら書きません。でも、何を書いても受け止められることがわかると、書き始めます。

たとえば「俺、校長嫌いやねん。顔も見たくないわ」と書いたとしますよね。書いたら怒られるんちゃうか、と当然、子どもは思います。

「校長なんて死んでまえ！」「先生なんて嘘つきや」と書いた翌日、私らの反応を見るわけです。でもね、先生たちは何も文句を言わない。

この繰り返しで、**「本音を書いてもいい」という子どもと学校の信頼関係ができてきます。そうなると面白いもので、どんどん書いてくる。**

子どもの文章はほめない、叱らない、直さない

いわゆる反省文や作文とも違います。そんな先生の反応を期待して「書かされる」文章など、面白くないでしょう。だから先生はほめたり叱ったりもしません。「いつも先生ありがとう。お母さんありがとう」などと書く子もいません。きれいごとで学校なんて来られませんから。

私らが叱らない代わりにほめもしないのは、さよならメッセージを見て**〝評価〟してしまったら、ほめられるようなことを書きはじめるから。それってもう「自分の考え」でも「本音」でもない。**

ついでに言うと、先生は添削もしなければ、字の間違いも直しませんし、「見ました」みたいなハンコも押しません。

新しく大空小学校に来た先生がそんなことをしたら、「あんた、人のものに落書きしてるで」と言います。熱心な先生ほど、「字が間違っていたんです」などと言うけれど、「字が間違っているなら国語の時間にやり。これはこの子の大事なさよならメッ

セージや」と職員室でみんなの前で大きな声で言います。

子どもが自分の考えを書いたものに対して教師が何か書くなんて失礼ですよ。

「さよならメッセージ」はファイルにして渡すのですが、6年間、大事にとっています。あるとき、間違って親が大掃除で捨てて大騒ぎになったこともありました。そのお母ちゃんも校長室にやり直しに来ました（笑）。

どんな記録よりも、6年間のその子の成長が見られるものだと自負しています。

子どもたちはどの子もみんな、1年生から6年生まで、本当に自分の言葉で自分らしく自分の言葉で書きます。

これを6年間、毎日書くのです。社会に出て生きていく力が、自分の考えを持つ力が、つかないわけがないと思いませんか。見える学力も勝手に上がります。

子どもは「安心」したら、自分の考えを書きはじめる

子どもたちがさよならメッセージに本音を書くことができるのは、「何を書いても怒られない」という子どもと学校の信頼関係ができるから。

言い換えれば、**子どもが「安心」したら、「自分から自分らしく自分の言葉で語る」ことができるのです**。

学校にしろ家庭にしろ、子どもが安心する居場所がなかったら、自分が思った言葉を自分の言葉で語るなんて、できるわけがありません。

大切なのは、その「空気」があるということ。この「空気」というのは、「ああ、自分が自分らしくここにいて、思ったことを言っても大丈夫なんやな」という安心の空気そのものなんです。

第1章で、「わからん」と書いたユズキという男の子の話をしましたね。この子も、安心したら自分の考えをしっかり書くようになりました。隙さえあれば学校から逃亡するような子だったのに、さよならメッセージでこの子に救われたことがあります。

休み時間に女の子2人が、学校から逃亡しようと相談しているのを彼が聞いてて、「逃げたらあかんで」と言ったらしい。そのことを、彼がさよならメッセージで書いたんです。

「今まで俺は学校を逃げ出そうと思っていたのに、今日は女の子に『逃げたらあかんで』って言った。俺って変わってきたんかな？」みたいな内容でした。それを読んだ私は彼に、「すごいやん！ ところで逃亡しようって言ってた子、誰なん？ 内緒でチクってよ」と聞いてみました。その女の子たち、何かしら学校に不満があるということですから。

彼のメッセージのおかげで、その女の子たちのフォローができました。だから後で彼に、「ありがとう」と言いました。そしたら彼、ボソッと「俺、役に立ったんや」ってつぶやいたんです。これってもう立派な成功体験ですよね。

「自分の考えを持つ」から始まる学力の好循環

子どもたちは何を書いても怒られない「安心」を得た結果、本音を書きます。そうすると、「誰々にいじめられているからどうしたらいい？ 助けて」と書ける。家で虐待されていることも書ける。

安心して自分の考えを持って自分の考えを伝える。友だちや周りの人の考えを知る。すると、より自分の考えが深まって広がっていく。それをまた表現していく。その結

果、たとえ失敗しても何度もやり直ししてチャンレンジしていく。この好循環が続けば、「見えない学力」はもちろん、「見える学力」が上がらないわけがありません。

〝安心〟ってすごいんですよ。「わからへん」ってちゃんと言えると見える学力が伸びるという話を先にしましたが、子ども同士の「わからないから教えてよ」「おお、教えたるわ」みたいなことも、安心している関わりですよね。

先生や親との関わりも同じで、**「勉強しろ」と怒ったり、脅したり、上から目線で言ったりして本や課題を与えることよりも、〝安心する空気〟を子どもの周りに満たしたほうが、子どもの「見える学力」は伸びる**んです。これは、大学の先生方が大空小学校に来て何日も一緒に過ごして分析して、論文を書いています。すごいでしょう。

よく大空小学校は「不登校ゼロ」「いじめゼロ」なのはなぜですか、と聞かれますけど、ただの結果です。

子ども同士のトラブルなど、毎日ありますよ。子どもは神様でも天使でもありません。私たちがやっていたのは、毎日のトラブルを「いじめ」にしないで、生きた学びにしていた。これだけの違いなんです。

「握手して仲直り」でいじめは解決しない

大空流いじめの対処法――子どもたちを分断する「事情聴取」はしない

先ほど、さよならメッセージから、学校を逃亡しようとしている女の子をフォローした話をしました。でも、さよならセッメージがただの「チクりメッセージ」になって、学校側がいじめている子といじめられている子を呼んで仲直りさせたりするのは最悪なんです。

よく学校でありますよね。いじめた、いじめられたって言う子を呼び出して、それぞれに事情を聞いて、最後は「謝りなさい」となって握手して、「はい、仲直り！」で一件落着。

事実確認をして事情聴取をする、その目的は「もめ事を解決すること」ですよね。

でも、これは警察がやることです。教育の場に警察はいらないんです。そんなことをしても、子ども同士の間に分断を生むだけ。せっかく教育の現場でトラブルが起きたんだから、学びに変えなきゃいけません。

実際によくあったことですが、たとえばさよならメッセージで、「Ａ君がＢ君にいじめられている」と訴えたとします。そんなとき、私たちがどう対処するかというと、まずは職員室で、いじめられているＡといじめているＢ、それぞれが職員の誰をいちばん信頼しているか人選します。つまり、子どもたちが安心して信頼して対等に話ができる大人を探すわけです。

いじめているＢの担当が校長の私になったとします。Ｂと話すきっかけをつくるために、誰か職員がＢに「これ、校長室に持って行って」と言って頼むわけです。Ｂが校長室に来て用事をすますと、「ところでさ、あんたは〝４つの力〟のどの力にこだわってるん？」とさりげなく聞きます。

「〝４つの力〟って何か言うてみ」と言うと、Ｂは「えー」とか言って、３つくらいしか言えない。

「廊下に書いてあるやん。見に行ってみ」と言うと、「あー、〝人を大切にする力〟忘れてたわ」と言う。

「ということはさ、〝人を大切にする力〟をつけようと思わんと、毎日学校に来ているのがバレたやろ？　人を大切にする力ってさ、どんなふうに思ってるん？」と言って、Ｂと対話していきます。丁寧に段階を踏んで、Ｂに考えさせるためです。

「やり直さなあかんことってない？」と聞いて、対話の中でＢがＡにいやな思いをさせていることに気づいていたら、必ず「あっ、俺、あいつに〝やり直し〟せなあかん」と言います。対話の中で気づいているかいないかが見えてきますから、どんなふうに気づくといいだろうとステップを踏んでいくんです。

逆にＢが気づいていなかったら、Ａに「なあ、Ｂは気づいてないみたいやけど、どうする？　あいつに気づかせるために、このこと言っていいか？　それとも自分で言うか？」みたいに作戦を立てます。

大人との信頼関係ができた上で、ＡとＢを対面させて、Ｂに気づいてもらう。

「もし、あんたがＡやったら、あんたがやったこと、どう思う？」とＢに聞くと、「俺がこいつやったら、やっぱりいややろうな」などと言います。

「そうなんや。すごいな、あんた。それがわかっただけで儲けもんやな」とは、私がよく言っていた言葉です。

「謝らせる」「反省させる」は学びにつながらない

次の段階は「やり直し」です。

いじめた子に謝ることがやり直しではありません。ここまで来て、ようやくＢは自分は平気でも、自分とは違う子にこういうことをすると、相手は傷つくんだということを理解できた。だから次は今度からそういうことをしないためにどうすればいいのかを考えるんです。

「どうしたらいい？」とＢが聞いてきたら、

「自分がＡだったら、どうしたら安心する？」と逆に聞きます。

考えたＢは、そこで初めて「じゃあ、Ａに謝ってこようかな」と言う。

ＢがＡに「心配すんな、もう俺、やらへんからな、ごめんな」と言った後に「あいつに謝ってきたわ」と校長室に来るから、私も「ご感想は？」などとふざけて言ったりします。

こういうことを丁寧に丁寧に、毎日繰り返していました。手間はかかるしマニュアルもない。でも、マニュアル通りにやっていたら、見えない学力は育たないんです。教職員はどちらの味方でもありません。ここで大人は指導者になったり、警察になったりしない。

誰も責めず、大人はただ「通訳する」ことで、いじめた子・いじめられた子が4つの力を使って互いに納得してつながり、学び合っていくのを見守ります。

わが子をいじめから守るために親だからできること

大空小学校のいじめの対処法を長々とお話ししましたが、どうせ教育現場の話でしょう、などと他人ごとに捉えないでください。家庭でもできますよ。

「自分の子どもを守りたい」と、親なら当然そう思います。でも、**「自分の子どもを守る力」は「人を大切にする力」とは違うんです。**

たとえば自分の子どもが友だちに殴られたとします。自分の子を守らなあかんってなったとき、親は殴った子と自分の子を分断する方法を取りやすい。「謝れ」と言ってね。

でも、この「殴られた」という経験値を、子どもが「4つの力」を高めるための学びに変えると考えたら、どうですか？

大空小学校では、親が（殴られた）自分の子どもと向き合う前に、殴った子と関わるようにしていました。それはなぜかというと、殴った子と殴られた子をつなぐことが目的だからです。

「殴った子とは、もう関わるんじゃありません」などと分断したら、それで終わり。分断してOKなら、自分の子が社会に出たときに、透明なカプセルにでも入れなくちゃいけなくなりますよ。

家で、もし子どもが「今日、学校でいじめられた」みたいなことを言ったら、まずは途中で何ひとつ口をはさまずに最後まで子どもの話を聞くこと。「全部しゃべって。お母さん、しっかり聞くからね」と、とにかく丸ごと受け止める。

何を言っても「ああ、そうなんだ」と。「お母さん自身が忘れたらいけないからメモするよ。心配しなくていいからね」と聞きながら、全部メモしていく。
メモまでとるの？　って思うかもしれませんが、メモって大事なんですよ。なぜなら、〝そのときに子どもが思っている事実〟だから。

これを間違っても事情聴取みたいにしないでください。解決するための事実かどうかはわからないし、勘違いや思い込みもあるかもしれないけれど、少なくとも今、その子が思っている事実なんです。あくまでも**お母さんがその子の今の気持ちをすべて受け止めるためのメモ**。だから〝事情聴取〟とは違います。

子どもってね、こうして最後まで大人に口をはさまないで話を聞いてもらえて、自分の気持ちを言えたら、それだけで解決してしまう部分があるんです。大人でも、話を聞いてもらえただけでスッキリしてしまうことありますよね。

全部話を聞いた後、「それじゃあさ、お母さんにできることは何かな？」と聞けばいい。目的は子どもが納得することだから。

「お母さんが学校に言いに行ってあげる」とか「いじめた子の家に電話する」などとやってしまいがちだけど、それでは親の傘の下で子どもがぬくぬく生きていくだけで、自律はできません。

私だったら、「これでめっちゃ〝4つの力〟がつくで」って言うでしょうね。あんたにとって納得する方法を今から考えよう、作戦を立てようと言って。

もし、子どもから「お母さんにこうしてほしい」と言ってきたら、具体的に「お母さんがすることはこれでいい？　そしたら次はあなたはどうするの？」みたいに、作戦図のようなものを子どもにイメージさせます。そのうち、子どものほうが「やっぱり、これはしなくてもいい。これやめて」と考えが変わる場合もあります。

何よりも、安心できる大人と作戦を練られるということ、そういう**居場所があることが大事なんです**。

「別に」「ふつう」しか言わない子に効く親子の会話

「今日、学校が面白くなかった理由、第3位は?」

家で「今日、学校どうだった?」と聞いても、「別に」「ふつう」としか答えないような子に、どうやって「自分の考えを持つ力」を持たせたらいいのでしょう?

よく、こんな相談を受けます。

それで会話を終わらせるのはもったいない。

「別にってさ、たとえば〝面白かった〟とか〝面白くなかった〟とかないの?」

「面白くなかった」

「じゃあ、面白くなかった理由を3つ言ってみて。まず第3位は?」

こんなふうに聞いてみたらいい。

「先生が怖い」などと言うかもしれません。「なるほど。第2位は？」「しゃべれる友だちが一人もいない」「第1位は？」「俺だけ浮いてる気がするな」みたいに、具体的な言葉が出てきます。

「楽しかった」なら、「楽しかったと思うナンバー1は何？」「ベスト3を言って」と言ってみてもいいですね。

「楽しかった」「面白くなかった」。この言葉の通訳をきっかけとして、親が話を掘り下げていく。

こんな親の質問で、自分の考えを出しはじめる

これで乗ってこなかったら、いろいろバリエーションがありますよ。

たとえば大空小学校では、

「自分の学校を世界中に自慢するときの自慢ポイント、ベスト3！」

生徒が２６０人いたら、本当に２６０通りの答えが出てきます。それをみんながシェアすると、自分の考えが２６０倍に広がります。

その日のさよならメッセージには、「俺、今、ナンバー1が変わって、これや！」と書いてあったりします。周りの刺激を受けて、自分が今持っている力を高めるんです。これがまさに学力向上の最たるものでしょう。

家庭なら、

「わが家を世界中に自慢するときのポイントベスト3」

などはどうですか？　親やきょうだいで出し合っても、一人一人違うはずです。

「お母さんを世界中にPRするときのベスト3」

でもいいですね。あるいは、

「自分自身をPRするときのベスト3、どうぞ！」とか。

あるがままの他者、あるがままの自分を見たとき、いちばんいいところはどこだろうと考える。その行為そのものが「自分の考えを持つ力」になり、「4つの力につながります。

ちなみに、もし子どもに「自分のいいところなんて、ない」と言われたら？　ちょっと寂しいですが、それはきっと今までの親子の関係性の中で、親に「ナンバー1になれ」と言われてきた悪しきプレッシャーかもしれません。

なんでもナンバー1になることが本当に社会に出てから必要か、それが幸せか。やっぱり違うよねってことを、親ももう気づき始めていると思います。

周りの子よりも勉強ができてほしい、周りの子に比べて素直な子になってほしい、挨拶ができる子になってほしい……こんなふうに、常に周りとの比較でナンバー1を目指そうとすること。もうそんなの古いとわかっているお母さん、お父さんもいるかもしれませんけれど、残念ながらまだまだあるのが現実です。

でも、この状態が続くと、子どもは常に誰かとの比較で自分の存在を脅かされ続けることになります。その結果、子どもが家族を殺してしまうニュースが後を絶ちません。報道されていないものも含めたら、もっとたくさんあるでしょう。

「『友だちより頑張れ』『あの子よりもできてほしい』なんてこと、お母ちゃんは全く願ってへんで。自分が納得して、自分がよし！　と思えるために、勉強っていうのはあるねんで」みたいなことを、お母ちゃんがいつも語っているか。

それとも子どもがテストを持って帰ってきたら、「１００点、何人おった？」と聞いてしまうか。そんなこともう社会は求めていないということ、その子らしさ、ナンバー1よりオンリー1だということをわかってほしい。

正解のない問いを問い続けよう

考えるとは「正しい答えを出すこと」と勘違いしている子どもたち

ある小学校に、5年生の道徳の研究授業に行ったときの話です。初めて出会う60人の子どもたち。最初に私はこう言いました。

「ねえねえ今日の授業さ、正解ないねんで」

「えーっ!! 正解がない授業なんてあるん?」とみんなびっくりです。

「正解って何やと思う?」

「正しい答えやろ?」

「じゃあ1+1はいくつ?」

「2」

「じゃあ１＋１＝２は正解？」

「正解ちゃうん？」

「正解ちゃう。これは単なる１＋１の答えや」

「そうかあ」

「正解は正しい解って書くやんか。じゃあ、あんたがどうやったら幸せな大人になれるか、その正解ってわかるか？」

「んー……」


　こんな話から正解のない問いを問い続ける授業をしました。たった45分間でこの子たち、４つの力をパンパンに使いました。

　テーマを決めて、「自分以外の友だちと対話をしよう」ということになり、３、４人ずつになってワイワイ話し始めました。そしたらね、一人ぼっちになってしまった子がいたんです。なぜなら、その子は普段は特別支援学級に通っているから。

　みんな気にしていなかったので、「ちょっとストップ。今、対話は２人以上って言ったけど、なんか気になることない？」。

　そう聞くと、みんなパーッと周りを見回して、「あ、一人やな」と気づいて巻き戻し。その子の周りに集まり始めました。これってもう、その瞬間に「人を大切にする力」が働いていますよね。

「**正解がないから、みんな自分の考え言っていい**んやで」と言うと、ある男の子が、

「えっ？ 自分の考え言うていいん？」と聞くんです。私、ひっくり返りそうになりました（笑）。

「あんたさ、授業中、自分の考え言わなかったら、何言うん？」

「答えや」と言うから、

「その答え、誰が持ってるん？」

「先生」

「そうか、先生が持っている答えを当てるための授業か。じゃあ、あんたらの授業って当てもんなんやな」と私。

そうしたら子どもたちが面白いことに、後ろで見学している先生たちに気を使うんです。「んーんー」などと言って。

「今日は、自分で自分の考えを持てへんかったら、授業は作られへんから。だって正

解ないから。自分の考え言うて」

考えることを勘違いしている子どもたち、勘違いさせている大人たちがいるんです。

決まった答えを考えるだけなら、60人いたら答えはたったひとつですよね。

60人いたら60通りの考えがあること、それぞれが自分の考えを持つことは素晴らしいことだということを、「見える学力」重視の中で、私たち大人は忘れてしまったのかもしれません。

今日から家庭でできる「10秒考える習慣」

この授業のテーマは、「あなたはどんなときに幸せを感じますか？」でした。

「考える時間は10秒やで」って言うと、またまたみんなびっくり。

「10秒なんて無理やろ」と言います。

私はすかさず、「こんなテーマ、1年考えたらわかるか？」と聞くと、「ああ、そういうことか！」と子どもたちは納得。

10秒考えるなど、たいしたことないと思うかもしれません。でもね、**1時間に10秒**

考える習慣を持ったら、学校の授業が1日6時間だとしたら、1日60秒考えることになる。しかも、「自分の考えを持つ」ために考えるのです。

1日60秒でも、毎日続けたらどうなると思います？ 1年では？ 小学校の6年間では？ **「自分の考えを持つ」のが当たり前になってくる**と思いませんか？ これは、今日から家庭でも簡単にできますよ。

指名して意見を言わせるのはおせっかい!?

授業の話に戻りましょう。「では、グループでどんな話をしてたかシェアしよう」と私が言うと、2、3人が手を挙げました。

「ごめんな、あんたら、なんで手を挙げてるん？」と私は聞きました。

「言いたかったから」と子ども。

「なんで私にどうぞって言われないと話さんの？」

「話していいの？」

「勝手に話したらあかんやろ」

「どっちやねん！」

こんなコントのようなやりとりの後、私は言いました。

「あんたは伝えたいんでしょ？　だったら立って、〝今から伝えるで〟ってみんなの表情を見て言えば？」

「2人立ったらどうするん？」と子どもが聞きます。

「先生が〝はい、あなた〟と当てたらいいんか？　先生にいちいちそういうことやってもらってるのはな、先生のおせっかいやねん」。大勢の先生が見学している前で、私もよう言うなぁ、と自分で思いましたが……。

伝えたい気持ちがあれば、自分から伝えればいい。もし2人が同時に立ったら、この2人が合意形成を図ればいいんです。

先生が当てたほうから話して、そこでチャイムが鳴ってしまったら、発言できなかった子どもは納得しません。子ども同士のつながりも深まらないのです。ここで出てくるのが、コミュニケーション能力です。

コミュニケーション能力は大人が指示して従わせて行動することではなくて、子ども同士が互いに自分と違う他者を理解しながら合意形成を図ること。まさに4つの力がないとできないことです。

子どもは本当に理解が早いので、一瞬でできますよ。２人が同時に立ったら、お互いに「どうぞ」「そっちがお先に」などとジェスチャーしながら譲り合ったりして。それをほかの子たちはクスクス笑いながら楽しそうに見てる。結局、「じゃあ、俺が言うわ」「いいよ」と、大人の力を借りずに、４つの力を使ってできるんです。

この本で私が「４つの力」「見えない学力」が大事です、などと言ってるからといって、「４つの力をつけなさい」と大人が指示していたら、絶対につきません。見える学力はちょこっとつくかもしれませんけれど。

４つの力を子どもが自らつけるのに大切なのは、まず大人が指示しないこと。

子どもが求めたときは、そこで大人の自分の考えを存分に伝えてください。大人と子どもは違います。でも、その違いを理解しながら、大人と子どもが対等につきあえたら、子どもは大人が大好きになると思います。

家庭ではお母ちゃんが大好きな子になるでしょうし、困ったことがあったら、きっと安心できるお母ちゃんのところに帰ってくるでしょう。

第3章

自分を表現する力

——自分の言葉で「伝える」、相手の表現を「聞く」

自分を表現する力が必要なのは、スピーチやプレゼンのためではない

表現力を伸ばす「目的」と「手段」をごっちゃにしていませんか

「自分の考えを持つ力」は、そのまま「自分を表現する力」につながります。「自分を表現する力」が社会に出てからはとても大切、とよく言われますよね。

でも、それは社会に出たらスピーチやプレゼンができるように、会議で意見が言えるように、企画書やメールに必要な文章力が必要だからだと思っていませんか？　もしくは大学入試に必要だから？

学校や社会でいい評価を受けるために必要なのだと思っているとしたら、決して自分を表現する力をつけることにはつながらないと思います。その結果、どうなるかというと、「評価されることを目的とした表現力」がつくだけ。

そうなれば、子どもは、評価をされない場では、自分のために自分からどんどん表現して、自分を出していこうなどとは思わないでしょうね。

自分の考えを表現する力をつける。この目的は、なりたい自分になって自分に自信を持ち、自分を大事にして、社会に出たときに活躍するため。自分が主体的に社会をつくる一人として生きていくためなのです。

そのためには、自分がどんな場でも、どんな相手でも、自分から自分らしく自分の言葉で語るこの力を、子ども時代に体中に染み込ませないといけません。プレゼンなどは、単なる手段です。手段と目的を混同してはダメなんです。

自分から発信するから、自分の言葉になる

では、お母さんが子どもに表現力をつけさせようと思ったら、まず何をしたらいいと思いますか？　人前で発表する機会を増やす？　何か習い事をさせる？

実は大切なことはたったひとつ。**「子どもの本音を聞く寛容力を親が持っているか」**。これに尽きるんです。

キーワードは「大人」です。教員や親、大人の間違った指導が子どもの関係性を分断してしまっている。これが子どもの表現力を奪ってしまうのです。

大空小学校では6年生になったら「リーダー」だという話をしました。リーダーだから、みんなの前で全員がプレゼンをします。自分から自分の言葉で自分らしく語ります。

大空小学校には外部からいろいろなお客さんが来ますから、初めてのお客さんが来たら、算数の授業をしていても、「あ、ゲストが来た！　よし」と言って6年生が大空小学校をプレゼンするのです。「大空ナビ」の学びにスイッチするのです。

4つの力のうち、どうしても「自分を表現する力」をつけたいと思って、自ら「私、行きたい」と申し出る子もいます。だから、〝プレゼンの時間〟などわざわざ設けなくても大丈夫です。

第1章でもゲストに職員室を案内した男の子の話をしましたが、みんなが職員室を紹介するプレゼンの言葉は、本当に一人一人違っていて面白い。

「ここには、いつも学校でいちばん〝やり直し〟の回数が多い木村という校長がいます」

「ここは、コーヒーを飲んだりお菓子を食べたりしている場所です」などなど。

子どもが自分から行動して発信するから、自分の言葉になるんです。

「自己表現が苦手な子」には4つのタイプがある

「自分を表現する力」がない子、つまり何も自分の言葉を言わない子には4種類あります。

ひとつは「言葉そのものを発することができない子」。

2つ目は、「言葉は持っているけれど、人前では一切しゃべらない子」。寡黙な子ですね。

3つ目は、「しゃべろうと思えばしゃべれるけれど、自分からしゃべろうと思えないので黙っている子」。

そして4つ目が、「たくさん言葉は持っているけれど、自分の言葉を伝えていない子」です。

4つ目の例は、たとえば**「うるさいな」「面倒くさいな」「そんなん知らん」**とか、相手に伝える行為はするけれど、自分の言葉を持っていない子のことです。

大空小学校でも、こんな子、たくさんいましたよ。いろいろ条件は違いますが、すべての子どもたちが自分から自分らしく、自分の言葉で語ることができるようになっていきます。

「うるさい」「面倒くさい」「知らん」と言う子が自分の言葉を語りだす方法

わが子がすぐ「面倒くさい」と言って困る、という相談を受けることもあります。

それについては、なぜ面倒くさいと言うのかをその子自身から学ばない限り、無理です。

もし大人が「面倒くさいって言うな！」と言ったら、子どもは口を閉じるだけ。でも納得はしていません。だから、見えないところでストレスをためていきます。

「面倒くさい」と言ったときの対処法は、簡単なんです。

「面倒くさいっていう言葉を使わず、〝面倒くさい〟を説明して」

こう聞いてみる。**子どもは面倒くさいという言葉でスルーしようとする**のです。

子どもはどこからこれを学ぶかというと、大人からなんです。たとえば家庭で親が「面倒くさいな」と言うじゃないですか。「面倒くさい」という言葉を聞いたことがなければ、子どもは使いませんから。

ついでに言うと、殴られる経験値があるから、困ったら人を殴るようになる。砂漠の中で一人で生きていたら、人を殴ることはありません。砂漠の中で一人で生きていたら、自閉的な傾向も表れません。他者や環境に障壁があるから困ったことが起きるし、自閉的な傾向も表れるんです。

「この子は自閉症だ」「発達障害だ」とか言って、隔離してしまったら、その子自身も周りも育ちません。このまま社会に出たら、共生社会などできるわけがありませんよね。

障がいを見てしまうと、その子本人が見えなくなる。私自身もそんな失敗を繰り返しながら、やり直しをしてきた人間です。

「自分を表現する力とは、相手の表現に気づく力でもあった」

言葉を使わなくても自分の考えは表現できる

大空小学校の子は、本当にみんな一人残らず、自分から、自分らしく、自分の言葉で語るようになります。

言葉を発することができない子でも、画用紙に書いて見せることができますし、寡黙な子は文章で表現しようとするし、言葉を持たない子だって、「アー」と叫んで身体で表現する。

この子も「アー」という叫びで、自分の考えを表現しているんです。そうしたら周りがその子を理解しようとする。これに気づかない周りのほうにこそ障壁がある。周りが育てば、その子と周りは存分にコミュニケーションが図れる。

「自分を表現する力」とは、他者の表現に気づく力でもあります。なぜなら自分を表現するというのは、相手の表現を知るということでしょう。

自分が一生懸命伝えているのに、誰も聞いてくれなかったら表現することもできない。自分が安心して自分の言葉で伝えるというのは、聞いてくれる他者がいるからできるのです。

子どもが「自分を表現する力」を身につければ、同時に周りの子には、それを理解するための想像力も身につくのです。

すぐに「死ね」とか「消えろ」「いやだ」と言ってしまう子だって、その子を理解しようとすると、その言葉通りではないことがわかります。

「死ね」「消えろ」「いやだ」は実は反対言葉だったりするのです。

それを周りの子は想像して、理解する。大人が邪魔さえしなければ、勝手に周りの子が育っていきます。障がいのある子にしても、学校や親たちが勝手に迷惑をかける子、問題のある子と決めつけているだけ。

周りが育つと、「死ね」などの言葉を使わなくてすむのです。

「自分の言葉」は正解とは違います。だから子どもの数だけあるんです。

自分が思ったことを言ってしまうから、「トラブった」「人を傷つけた」「思ったようにいかへん」といった経験もたくさんします。

そんなとき、**次に「トラブる」「人を傷つける」がないようにするために、自分はどこをどう変えたらいいんだろうと子どもは考えていく。**これが見えない学力につながります。

自分と違う他者を尊重できる「空気」をつくる

大空小学校では「ふれあい科」という独自の教科をつくりました。

ふれあい科の目的は4つの力をつけること。そのふれあい科の授業のひとつに、「バースデーメッセージ集会」というのがあります。

「バースデーメッセージ集会」は、その月に生まれた子が、全校の人たちの前で自分から、自分らしく、自分の言葉で語る年に一度のチャンスです。

もちろん原稿はありません。なぜなら何を語るかは前の日には決められないからです。大事なのは練習ではなくて〝今〟だから。

〒162-0056 東京都新宿区若松町12-1　☎03(3207)1916　FAX 03(3205)6339

今の自分が何を感じて、どんな言葉を口から出すか。この一人一人の言葉をみんなが尊重します。

人前で話すのが苦手な子ももちろんいます。でも、6年間で自分から、自分らしく、自分の言葉で語れなかった子は一人もいませんでした。

人前で上手に話せる子をつくろうとか、自分の考えを伝えられる子をつくろうとか、たしかに最初はそういう思惑もありました。でも、違うなと気がついたんです。

自分を表現する力は、自分と違う他者を尊重できる空気をつくらないと育たない。テクニックではなくて、「何を言っても聞いてもらえる」という安心感。これがあるから、語ることができるのです。

「自分の言葉を周りは聞いて受け止めてくれる」安心感を育てる

教室に入れない子が安心できる場を考えた

「自分を表現する力」の本質を教えてもらったのが、キョウシロウのバースデーメッセージ集会での成長の事実でした。

キョウシロウは入学式の日に突然、大空小学校に来た子どもです。入学式ではずっと運動場を走り、一緒に走った教員が「そろそろ入学式、一緒に行こか？」と手を持とうとしたら、いきなり教員の髪の毛を引っこ抜いた子です。

キョウシロウは家庭環境も複雑で、大人を信じられる環境で育っていませんでした。5月生まれだったので、バースデーメッセージ集会は入学して間もなく開かれました。そのキョウシロウの、1年ごとの成長にしばらくおつきあいください。

まず入学して早々の1年生の5月。キョウシロウは講堂の透明なドアの向こうからそっとのぞいていましたが、中には入れませんでした。

入学してからのキョウシロウは教室には入れなくて、とにかく1階から4階まで走り回っていました。

キョウシロウにできることは何かと私たちは考えて、「そうや、郵便屋さんや！」となり、学校のお知らせを各教室に配達してもらうことにしました。

学校の誰からも、「廊下を走るな」「教室に勝手に入るな」とは言われません。こんな安心感に包まれて、キョウシロウは2年生になりました。

2年生の5月のバースデー集会では、自分から講堂には入って来ましたが、後ろにある暗幕にくるまって、最初から最後までカーテンの中で過ごしました。

みんなも「キョウシロウ、あそこにおるな」と頑張りに気づいているけれど、教職員も含めて「こっちに来いよ」とは言わずに見守っていました。

3年生の5月。みんなが座っているところに、一緒に座りました。でも前には出ず、ほかの友だちが言うことを座って聞いていました。

誰の指示もないのに誰一人騒がない驚き

4年生の5月。キョウシロウはとうとうみんなの前に出ました。

5月生まれの子たちが一人ずつ話していきます。キョウシロウの番が近づくと私たちもとても心配しましたが、そんなそぶりはまったく見せないようにしていました。そしてキョウシロウの番になったとき、突然、舞台のひな壇の奥にブワーッと逃げて隠れてしまいました。さて、どうするか？

バースデーメッセージ集会のＭＣはリーダーである6年生です。教職員含め大人たちは誰も動きません。

もし私がそこに出て行って、「みんな、キョウシロウのことを考えてあげてね」などと言ったら、すべて崩れてしまいます。正直に言うと、私も自信がなかったから動けなかったんです。それに、子どもの力のほうが、私たちなんかより絶対すごいと信じていました。

6年生は「校長には頼れない」と察したのでしょう。一人の子がマイクを持って、ひな壇の中に入って行きました。一生懸命、ひそひそとキョウシロウと話しています。

その間の講堂の空気、どうだったと思います？

誰一人動くこともなく、空気が止まっていたんです。ここがすごい。見えない学力がついてるという感じでしょう？

みんなでキョウシロウが安心する空気をつくろうとしている。普通だったら子どもたちは騒ぎますよ。

そして次の瞬間。マイクを持った6年生がひと言、「キョウシロウさん、パスだそうです」と言いました。

その言葉を聞いた瞬間、講堂中のみんながワーッと拍手をしました。彼は入学当初、「クソババア、死ね」しか言えなかった子だったんですよ。

この場にいるみんなが、「キョウシロウ、パスって言えたんや」と拍手をしている。

誰の指示もない、周りの子どもたちが4つの力をつけているからこそ、できたことだと思います。

6年生の自発的な行動で1年生の笑いがピタッと止まった

もう少しキョウシロウのバースデーメッセージ集会の話におつきあいくださいね。次は5年生の5月です。キョウシロウは意を決してみんなの前に出て、マイクを持つことができました。私たち教職員も、もう緊張の極みでした。キョウシロウも緊張して真っ白な顔をしていました。さて、今度はどうなるか？

空気がピタッと止まっている中、キョウシロウは突然、マイクをチャンバラみたいに振り回しました。そうしたら、目の前に座っている1年生がギャーッと大笑い。寝転がって床を叩いて笑っている子もいます。一方のキョウシロウは、困った顔をしながらマイクを振り回している。

このときも先生は「笑ったらあかん」なんて言いません。1年生はキョウシロウをバカにして笑っているわけではなくて、〝このお兄ちゃん、笑わせてくれているんだ〟と思っているからです。

でも、笑っているのは1年生だけだったんですよ。なぜなら2年生から6年生は、これまでのキョウシロウのことを知っているから。

さて、どうしようかなと思っていると、突然1年生の笑いがピターッと止まりました。なぜだと思います？

ここでも6年生のリーダーたちが動いていました。

リーダーの条件は「先生に頼らない」「いやな仕事は自分がする」「文句を意見に変える」の3つ。きっと6年生の誰かがまず、動いたんでしょう。6年生が座ったまま、1年生の周りにワーッと移動してきたのです。

そして何かを言った瞬間、1年生の笑いが止まった。笑いが止まった瞬間、キョウシロウはマイクを置いて、礼をしました。

礼をした後、拍手が鳴りやみませんでした。それは大人に「拍手をしましょう」と言われてした拍手とは、まったく違うものでした。

6年生は1年生に、いったい何をしたのでしょうか？

後で6年生担当の教員に聞くと、言い方はまちまちだったそうですが、みんな同じ意味の言葉を1年生に伝えていたことがわかりました。

「あのお兄ちゃんは、笑わそうと思うてマイクを振り回してるのんとちゃうねんで。

きっとあのお兄ちゃん、困ってると思うで」

こういうことを6年生それぞれが自分の言葉で1年生に伝えたのです。すごいと思いませんか？　だって誰一人、正解を言っていない。「笑ったらあかん」とかね。私たち教職員だったら、そんなことは言えなかったでしょう。せいぜい「あんたら、なんで笑ってんの？　自分が笑われたらいややろ」くらいは言えるかもしれませんが。

言われた1年生も、自分の考えで笑うことをやめた。

1年生はまだ入学して2カ月だけど、子どもって瞬時に変われる、その能力を持っているんだということを教えてもらいました。ということは、大人が変われば、子どもなんて１００％変わることができるってことです。

自分から自分らしく自分の言葉で語ったラストメッセージ

そして、いよいよ6年生の5月がやってきました。キョウシロウにとって、小学校最後のバースデーメッセージ集会です。

キョウシロウがみんなの前で自分から自分らしく自分の言葉で語る、これを今日、成功体験として持てなかったら、彼は一生、人の前で語ることをしないだろうと思っていました。キョウシロウを信じるしかない。教職員は顔では笑いつつ、心臓がバクバクするくらい緊張していました。

当のキョウシロウは、何事もなかったように前に出てきて、5月生まれの子どもたちの後ろのほうに並んで順番を待っていました。

そしてキョウシロウの番です。

彼は黙ってマイクを持った。そしてたったひと言だけ、自分の言葉を口にしたんです。

「みんな、ありがとう」って。

そしてマイクを置いて、深々と礼をしました。

これが彼の6年間分のメッセージです。今でも思い出すと胸が苦しくなるほど私たちは心を動かされました。

ここで私たちはもちろん「キョウシロウ、すごいな！」などとは言いません。口を出すことも邪魔ですから。キョウシロウの言葉は、自分の言葉を周りの子どもたちが受け止めてくれるという安心感の中だからこそ生まれました。

見えない学力を大人も子どももみんなで大事にしてきたひとつの結果が、これなのです。

キョウシロウには、周りの子どもたちと6年かけて築き上げた信頼関係があるんです。

普段、彼は「俺は勉強できひん」「くそ、死ねー」とかしか言わないけれど、何を言ってもみんなが受け止めてくれる。だからこそ、「みんな、ありがとう」の言葉になったのでしょう。

大空小学校では、卒業時にもみんなの前でラストメッセージを伝えるのですが、そのときのキョウシロウはもう人の前で自分の言葉で語れる子になっていました。

「たったひとつの約束と4つの力は何よりも大事。だから自分のために4つの力をつけろよ。5年生のみんなも、4つの力を大事にしてくれ」と言って卒業していきましたよ。

自分で表現する力を伸ばす親の習慣

①子どもが困っているとき、問題解決法を教えない

前項のキョウシロウのエピソードは〝正解〟ではありません。

私が「自分を表現する力」の本質を子どもから教えられたいちばんのエピソードではありますが、人それぞれです。

これを読んでくださっている大人のみなさんには、じゃあ、自分のどこをどう変えたらいいだろうか、と思ってほしいのです。

大人も4つの力を大事にして、失敗しても何度もやり直しをしている姿を見せること。それだけで子どもは安心して自分を出して生きていけます。その力が社会で生きて働く力です。

子どもが困っているとき、親が手を差し伸べたくなる気持ち、私ももちろんわかります。大空小学校でも、子どもたちには「困ったときになんとかしてくれる。それが大人やねん」という考えが浸透していました。

でも、これは子どもが困ったときに大人から手を差し伸べているわけじゃないんです。

たとえば、子どもが困ったときは、職員室に行けば大人がなんとかしてくれます。職員室に「どうしたらいい？」と言って来るのは、子どもの主体的な行動です。そして、この主体的な行動を絶対に裏切ってはいけないと思っている大人が職員室で待っている。こういう関係性です。

子どもが自分から行動して発信する。ここが大きな違いです。頼まれてもいないのに、大人のほうから「困っているやろ？　教えてあげよか？」とか、「ここはこうしたほうがええねん」などとは言いません。

大人から何かを教えてあげようとするのではなく、子どもが行動して発信する、そこで初めて大人ができることを考える。

では、家庭では親はどうしたらいいのでしょうか？

子どもが何か困っていることがわかったとしましょう。私も学校でやっていたことですが、そういうときは、用もないのに子どもの周りにブラーッと行ったりする。そして、いつも言う言葉は、

「なあなあ、なんか私がやることある？」

でした。これは、大人が子どもを対等な存在と認めているからかけられる言葉です。

家庭なら、何となく子どもが話しかけやすそうな位置にいて、「お母さん、何かやることある？」と聞いてみます。

もちろん、あっさり「ない」と言われることもありますよ。そしたら「残念でした！」と言ってさらっと引けばいい。しつこく追いかけないのがコツなんです。第1章でもお話しした、あれです。

子どもって、しつこくしないでいると後から「なあなあ」と来たりするんです。

「やることある？」っていうのは、「私、なにか力になれる？」と聞いていることと同じです。そのとき、素直に「助けて」と言えるなら自分から来る。

大人はそこですぐに答えを求めないこと。

あくまでも「私はあなたのために何かやろうとスタンバイしてるで」「準備オーケー

やで」というスタンスです。

しつこくしないで待っていると、ふてくされた顔しながらも、「行ってみようかな」「来たったわ」と言いながら来る子もいます。そうしたら「いらっしゃいませ〜」などと言って迎えればいいんです。

この、重々しいことを軽い感じで関われる大人の言葉が大事です。

② 「自分が子どもの立場だったら」「自分がされたらどうか」と想像する

「お母さん、何かやることある?」と声をかけたのに、子どもにそっけなく「ない」と言われて、子どもとケンカになっちゃった、と言うお母ちゃんもいました。

でも、それが大人のおごりなんです。子どもは困ってないのに、親が勝手に心配しているから、自分のペースに合わせて「なんか言ってよ」と強要しているのと同じ。

反対に、子どもが本当に困っているときに「なあ、なあ」と話しかけてきても、「あかん、今、お母さん、忙しいねん」とたくさん言ってきませんでしたか?

ちょっと自分に時間があって子どものことが気になるときだけ、声をかける。「なんやねん？　自分の都合のいいときだけ寄ってきて」と思うかもしれません。

親は「せっかく親切に言ってあげてるのに、そんな態度とって！」と自分勝手に思いがち。それで巻き戻しもしないで次から次へと言ってくるから、子どもは「別に」「わからない」「面倒くさい」と答えることになります。

でもちょっとだけ子どもの立場になってみてください。「自分がされたらどうかな？」って。

これも「たったひとつの約束」です。

「自分がされていやなことは人にしない、言わない」

これは言い換えれば、**「自分がされたらどうかな」と想像し続けること**。たとえ相手がわが子でも、です。

大空小学校でも、これを毎日毎日、6年間やり続けることで、学校の空気がつくられてきました。だから人を思いやれないわけがないのです。

キョウシロウのバースデーメッセージ集会の例を見てもわかるように、私たち教職員はキョウシロウ本人には直接何もできていません。ただ見守っていただけです。

でも、毎日毎日の子どもたちとの関わりの中で、キョウシロウの周りの子どもたちを育ててきた。

たとえば、

「今、キョウシロウは何を困ってると思う？」
「キョウシロウにクソババアと言わせないためには、何が必要やろうな？」
「自分がキョウシロウやったら、どう思う？」と。

だからキョウシロウがマイクをチャンバラみたいに振り回したとき、1年生以外の子どもたちは笑わなかったのです。

家庭でも同じでしょう。**毎日毎日、「自分が子どもの立場だったらどうかな」「自分がされたらどうかな」と想像すること。**これで家庭の空気が変わらないはずがありません。

先日、20歳になった卒業生が言っていました。

「やっぱり6年間、持ち続けた〝たったひとつの約束〟って、なくなれへんよな」
「人と違うなって思う場面に出会ったときに、〝ああ、自分は幸せなんだ〟って思えるねん、先生」と。

大人になっていく過程で、自分が自分のために積み重ね、ため込んできた〝たったひとつの約束〟の大切さや4つの力は、なくならないんです。むしろ大人になってから生きてくる。

子どもを変えたかったら、大人の自分が自分を変えたら、勝手に子どもがついてきます。そこを信じてチャレンジしてみてくださいね。

③ 子どもを主語に変えて「対話」する

毎日、親子でどれくらい「対話」ができていますか？

「ずっとゲームばかりして、対話どころじゃない」「ゲームの話しかしない」というお母さんがいました。

これは、お母さんの中に「ゲームをしている子どもは悪」という考えがあるから。そういうときは思考を変換してみましょう。

コツは「子どもを主語に変える」こと。子どもはゲームを悪とは思っていないどころか、めっちゃ楽しいと思っているはずです。

たとえば子どもがゲームの話をしてきたら、「お母さんの時代はそんなゲームはなかったからなあ。めっちゃ楽しそうやん？」、こう言ったら、自分が子どもだったら

「あ、なんかわかってくれてるかな？」とちょっと安心しませんか？

「お母さんがそこまでゲームしたら目も肩も痛くなりそうやけど、そこまでできる楽しさって何なん？」って聞いたら、ゲームがなぜ楽しいのか本音を教えてくれるかもしれません。

もちろん、これまでの親子関係がありますから、突然とってつけたようにわざとらしくするのはダメですよ。

そのうちお母さんもゲームを一緒にやってみたらいい。それでお母さんがゲームの楽しさを本当にわからなくてもいいんですよ。楽しいと感じることが人によって違うのは当たり前。**「なるほど、だからあんたはゲームが楽しいのか」という部分を共有したらいい**と思います。

「コロナの休校中にゲーム漬けになった」と困っているお母さんの話をよく聞きます。学校が休みでせっかく家にいたのに、対話が続かなかった親子が多い。こんなに対話

できるチャンス、なかったんですよ。

誤解しないでほしいのですが、子どもの機嫌をとるためにゲームの話をすればいいということではありません。

ゲームは悪だと大人が決めつけて、ゲームを制限するところに子どもは反抗する。

子どもってね、説得しても動かないけど、納得したら動くんです。

つまり、ゲームをやっているのと同じような楽しさを、ほかでどう見つけていくか。それは大人が何かしてあげるんじゃなくて、子ども自身が「ああ、そうか、なんかゲーム以外のこともやってみようかな」と思うことですよね。

そのためには**まず、「『ゲームがめっちゃ楽しい』ということを、親が丸ごとわかってくれたなぁ、受け入れてくれたなぁ」という安心感からしかスタートできない**のです。

安心は、信頼することからしか生まれません。信頼してもらうには、家庭のリーダーである親が変わるしかない。

大空小学校にほかの学校から来た先生も、子どもたちとの関わりの中で変わっていきました。

新しく赴任してきた先生は、最初のうちは子どもたちに指示命令をするような授業をします。でも、大空小学校の子はそれに対して「全然おもろないなー。なんで先生が仕切るの?」などと言います。こんなことを言われた先生はびっくりです。

「なんで先生の言うことが聞かれへんの? 出て行け」などと言って怒ります。

「ほな出て行くわ」と校長室に子どもが来るんです。「あれはあかんわ。校長先生、言ってや」とか言いながら。

そのうち、当の先生からも校長室に校内電話がかかってくる。こっちからも「校長先生、怒ってください」と言われる(笑)。

そうなったときは私の仕事です。先生と子どもをどうつなぐか。トラブルを学びに変えるコーディネーターになるんです。

「あいつが怒って出て行かんですむには、先生はどうすればよかったんかなあ?」

と子どもたちに聞く。道徳の授業のようなものです。

すると子どもたちは、「んー。もっと自分らを信用してくれて、先生が教えるのをやめて、僕らにやらせてくれたらよかったんちゃうか?」などと言ってくる。

さらに私が「先生も、あんたらをいじめてやろうと思うてこういうやり方をしたんやろか？」と聞く。

先生からも、「私は、授業はこうするものだと思っていました」と本音が出てくる。先生も一生懸命やった結果なんだなとわかったら、子どもと先生の信頼関係ができていく。

こうして大空小学校に初めて来た先生も〝安心して〟授業ができていきますし、子どもたちの見えない学力もアップするのです。

④子どもの「イヤ！」には「教えてよ」のスタンスで

あるお母さんから聞いたエピソードです。

子どもに食事の後に「お茶わんを片づけて」と何度言っても片づけない。そこで言い方を変えて、「片づけてくれると助かるな」と伝えても無視。最終的には「片づけないと、次のご飯ナシだよ！」と脅し文句を言って怒ってしまったとのこと。

こういう言い方をしてしまうと、次は「じゃあ、ご飯はいらない」となるか、いやいやながらお茶わんを片づけるかのどちらかにしかなりませんよね。

このエピソードの中には、大切なあることが抜けているのです。何だと思いますか？

「対話」が抜けているのです。

対話をしなければ、子どもが片づけない理由、子どもの本音を聞けていないから、怒りがエスカレートするだけになってしまいます。

ほかのケースにも当てはまることですが、今、親子の「対話」がとても少ない。

「対話」とは、相手の考えていることや話すことを尊重して聞こうとする〝寛容な自分〟がいないと成立しないんです。自分の考えと相手の考えをつなぎ合わせて、新たな考えを生み出す。**対話ができれば、信頼が築かれていく。**

対話は、対等な関係にならないとできません。

「私はあなたが自分で片づけたほうがいいと思うから言ってるんだけど、あなたが片づけない理由は何？　教えて」と聞いてみる。

もし「面倒くさいから」と言われたら、

「〝面倒くさい〟っていう言葉を使わずに言ってみて」

あるいは、「疲れてるから」と言われたら、

「それってさ、本当に疲れてるから片づけないの？　本当の理由って何？」

こんなふうに**対話の中で子どもの奥にある言葉を引き出していく。**なぜなら疲れていたって子どもはゲームならやりますから。

子どもの本音を引き出すためにコーディネート（＝通訳）しなくてはいけません。それこそ〝面倒くさい〟かもしれないけれど、そうしないと子どもの本音を安心して引き出すことはできないでしょう。

どうしてもお茶わんを片づける約束を守れないなら、そんな約束はやめたほうがいいのかもしれない。親が勝手に決めた「自分のことは自分でしなさい」みたいな約束の真の目的は何かということをもう一回親子で対話すればいい。

実は親って、この〝目的〟を話していないことがほとんど。目的を伝えた上で対話した結果、親がお茶わんを片づけることになってもいいんです。

子どもを尊重すればするほど、対話のときに親が返す言葉が変わってきます。

たとえば子どもが学校から帰ってきて、「今日、こんなことがあっていやだったー」とぼやいたとします。

このとき、「そうだったんだ」と受け止めて終わりにしないで、「そういうときってさ、どういう状況になったら、いやにならなかった？」と聞いたらいい。

大切なのは、どんなセリフを返したらいいかという〝テクニック〟ではなくて、親の〝姿勢〟。

子どもに「学校でいやなことがあった」と言われたとき、親が「かわいそう」とか、「なんとかしてやりたい」などと思うのは、実は上から目線でまったく子どもを尊重していないことになります。

いやだった原因が友だちともめたことだったとしても、親はその現場にいないから、友だちが悪いのか、自分の子が悪いのかわからない。それをわかったふりをして発言しないこと。

「その友だちが自分（あなた）だったら、どんな行動をしてただろうね？」と聞いてもいいかもしれません。

要は、**子どもの「いやだった」のひと言で決めつけず、何がいやだったのか、その言葉の奥を教えてもらう**。子どもを尊重して、子どもに教えてもらうというスタンスが必要なのです。

自分を表現する力を引き出すと「自律した子ども」に変わる

「指示・命令」で子どもを動かすのはやめよう

親とは勝手なもので、自分が言いたいタイミングで子どもに指示・命令してしまうところがあります。子どもが欲しいタイミングと親が言いたいタイミングが違う。

先ほどの「お茶わん片づける」話にしても、もしかしたら子どもの中では、後で片づけようと思っていたかもしれない。でも、**その前に親が「片づけて」と言ってしまうと、やる気をなくす**こともあります。自戒を込めて言いますが、親は自分のペースで自分が困らないように子どもを動かしたいものです。

もちろん、仕事に家事に母ちゃんは忙しいですからね。自分のペースに持って行きたいときはある。さて、どう言えばいいか。

「ごめんね、お母さん、今、余裕がないの」
「今、自分のことでいっぱいいっぱい。後でやり直しするわ」

こんなひと言を子どもに伝えてから自分のペースで動けば、何の問題もありません。

大人が素直に自分の言葉で、弱者である子どもにこんなふうに伝えることができたら、子どもはどこかで必ず真似をしてくれますよ。

親が自分の子どものことをすべて理解できているかと言ったら、理解できるわけがない。**「この子に教えてもらうしか、この子といい関わりをすることはできない」と肝に銘じる。これが大人の学びであり、自分を変えていくこと**だから。

こうした相手を尊重する関係性が、自分の子どもであっても必要です。

それでも、つい指示命令してしまう、つい怒りをぶつけてしまうときもあります。

そんなときは少しだけ冷静になって、「自分はどういう子どもを育てたいと思っているの?」という〝目的〟に立ち返ってみてください。

たとえば、子どもが食事中にお味噌汁をこぼしたら、「自分で拭いて片づけなさい!」と怒りたくなるかもしれませんが、ただ食べこぼしを片づけられる子に育てたいわけではないはずです。「こぼしたら自分で拭いて片づけさせる」のは、ただの手段。

その目的は？「失敗しようが成功しようが、自分で考えて自分で判断して行動する」ということですね。これが**「自律した子を育てる」**ということなんです。

「自分から勉強する子」が育つお母さんの習慣

お母さんのたったひと言で子どもが変わったエピソードがあります。

この章でもお話ししましたが、子どもが困っているとき、お母さんが「私、何かやることある？」「手伝えることある？」と声かけをするといいという話。それを聞いたお母ちゃんが、小学校6年生の息子にやってみたんですって。

それまでは学校の宿題をまったくやらず、お母ちゃんが毎朝、宿題を広げてあげて、「やりなさい」と言ってしぶしぶやるような状況だった。〝やらされている〟状態だったから、ヘロヘロの字をゆっくり書いて、時間もかかって、毎朝、登校時間ギリギリだったそうです。

ある朝、お母ちゃんが試しに「何か手伝えることある？」と言ってみた。そうしたら、自分から「漢字ドリルと計算ドリルを持ってきて」と言って宿題をやりだした。お母ちゃんはびっくりです。しかも今までと違って、自分からやる気になっているから猛スピードでやったそうです。

これは、親が変わったから。親自身が4つの力を使ったからなんです。

自分の子どもを信じて、大切にする力。そして「手伝えることある？」っていう言葉を使ったのは、自分の考えを持って、自分を表現した力。そして「子どもに試してみよう」とチャレンジする力です。

日常のたったひと言の関わりですが、見事に4つの力を使っています。

4つの力を使った結果、子どもが動いた。そのときが「ほめどき」です。

「やるねー！」と軽くほめる。

すると子どもは「母ちゃん、案外、俺のことわかってくれてるんや」と成功体験になる。**成功体験を味わうと、気持ちがいいから「またやろうかな」とやる気になるん**ですよ。

ほめるときに大切なのは〝軽さ〟です。わざとらしくほめても、子どもに見抜かれてしまいます。**子どもは〝ほめて〟もらいたいのではなくて〝認めて〟ほしい**のです。

ある子どもに教えてもらった言葉です。

「ほめたらええと思っている大人って、ほんまに子どものことわかってるのか?」

「どういうこと? 教えて」と私が聞いたら、こう言うんです。

「自分ができないことをできるようになったら、それを認めて、めっちゃほめてほしい」

つまり、できないところをできるようになったという変化を大人は見逃していることが多いということです。

「でも、**〝別にほめてくれなくていい。前からこれはできてるし〟みたいなところを『わー、すごいね』って大げさにほめる大人を、俺は信用せんで**」と彼は言いました。

子どもって本当に鋭いんですよ。

毎日自分のことをちゃんと見ていてくれて、自分の変化に気づいてくれて、その〝変化〟を認めてほめてくれたらすごくうれしい。でも、何でもかんでもほめたらいいと思っている大人は、子どもからは信用されない。

だから、〝ほめて育てよう〟ではなくて、変化を認めて、ほめてほしいと子どもが思っているところを外さずにほめろよ、ということなんです。

そのためには、普段からその子のことをよーく見ていなかったらできないのです。

第4章

チャレンジする力

——失敗は「反省」より「やり直し」をしよう

チャレンジする力は「小学生のうちにどれだけ失敗するか」で決まる

失敗を恐れ、チャレンジしないのは「失敗したら叱られる」経験があるから

4つの力の最後は「チャレンジする力」です。大人になるまでに、そして大人になってからもチャレンジする力は必要ですよね。

なぜ今の子どもたちや若者は失敗を恐れ、チャレンジしないかというと、失敗したら叱られる、失敗したら困るという経験値を持っているから。だから、失敗は子どもにとってピンチになってしまうのです。

大人ってずるいんです。「失敗してもいいよ」と口では言いながら、本当に失敗したら、怒ったり、怒らないまでもがっかりしたりする。その大人を子どもは全部見抜いています。どんな子も、です。見抜いていても口に出さないだけです。

たとえば、失敗して大人にガーッと怒られたり説教されたりするでしょう。それで「わかったの？」って聞かれたら、「うん」と答える。黙って素直に聞いていれば早く終わるからです。

失敗を恐れるとどうなるかというと当然、失敗しないようにします。**失敗しない方法はただひとつ、「行動をしないこと」です。**

行動をすれば、矢が刺さる。何か言われる。でも行動しなければ、誰からも何も言われないし、恨まれもしない。自分を守ることができるんです。だから、自分という殻《から》に閉じ込もって社会に出て行く子が増えてしまうんです。

社会に出て仕事に就いても、自分の仕事の範囲を決めてほしい、誰かと共同してやるのはお断り、自分のことだけやりたい、与えられたノルマだけをこなしていく、といった傾向が顕著に表れています。

教育現場である学校でも、いじめにつながったらいけないからと、トラブルを起こさないように、子どもが失敗しないような教育をしています。失敗経験のないまま大人になってしまったら、恐ろしくてチャレンジなんかできないのは当たり前です。

社会に出ていろいろなことにぶつかったとしても、それまでに「失敗したらやり直せばいい」「ピンチはチャンス」「失敗は宝物だよね」という経験が体中に染み込んでいたら、心が折れることもないはずです。

失敗が挫折につながったり、二度と立ち直れなくなってしまうことではなく、失敗したら「どうやり直そうかな」「やり直せばいいだけだよね」と思えるように。この経験を、この力を子どものうちに存分につけたいですね。

まずは大人が「失敗したらやり直せばいい」姿を見せる

子どもにいちばん影響力があるのは、親です。親はいちばん身近にいる存在ですから。

でも、安心してください。子どもだけでなく、大人だっていつからでも〝やり直し〟はできます。

何といっても、大空小学校の校長として赴任してから、たくさんやり直しをしてきた私が言うんですから本当です。

この本で、私が何でもできるように偉そうに語っているように見えたらごめんやで。

昔から決してこんなではありませんでした。もちろん、過去の私も一生懸命やってきましたよ。でも**一生懸命やることがマルではない**のです。**結局、子どもの事実がすべて**なんですよ。教師であれば、目の前の子どもの姿、親であれば目の前の自分の子どもの姿。この事実が物語っているんです。

もう「一生懸命やった」とか、「心を一つにして」みたいな言葉を使っている時代じゃないんです。

大人もたくさん失敗して、失敗を隠さず暴露するから、自分が変われる。失敗を隠したら変われません。**まず大人が失敗してやり直しをする姿。これを子どもが見たら、結果として子どもは失敗をチャンスに変えられるのです。**

でも、大人が自分の失敗を隠して、子どもの失敗だけ責めて罰を与える。この子どもが大人になったら、残念ながら同じことをするでしょう。

失敗できる環境があるから、どんどんチャレンジできる

子どもが失敗したとき、手伝うのは我慢

子どもが失敗したときに大人がかける言葉はただひとつ。

「大丈夫？」

これだけです。あとはしゃべりません。大空小学校でも、これは徹底していました。

失敗しても先生は怒らない。それを見ているから、先生がいないときに友だちが失敗しても、子ども同士で「大丈夫か？」と言えるんです。子どもは、必ず大人の真似をするんですよ。

逆に先生が失敗した子どもを怒っていたら、それを見ている子どもは、失敗したら怒られるから失敗しないようにする。つまり、自分の殻に閉じこもってチャレンジを

しなくなります。

大空小学校で、あるお母ちゃんが「先生、うちの子ども、あかん」って急に言ってきたことがありました。

「どしたん？」と聞くと、そのご家庭ではごはんを食べるときにひじをつくな、という約束をしていた。でも、息子がひじをついて食べていて、お味噌汁をこぼした。「ひじついてるからこぼしたんやろ。何回言ったらわかるの！」とお母ちゃんはキレた。それで「先生、どうしたらええ？」って言うんです。

「こぼした後、どうしたの？」と私が聞くと、「じゅうたんも汚れるし、必死で拭いた」と。「あんた、最悪やな、それ」と私は答えました。

確かに彼はひじをついていたけれど、お味噌汁をこぼそうと思ってわざとついていたわけではない。ということは、お味噌汁をこぼしたことは、単なる子どもの失敗です。

「今度お味噌汁をこぼしたら、平然として『大丈夫？』でええねん」と。

「大丈夫なわけないやろ」って子どもは言うかもしれないけど、**大事なことは失敗を叱ることではなくて、自分がやってしまった失敗を自分でやり直す、この力をつけることです。**

自分でこぼしたんだから自分で元に戻す、どうってことない、あんたの問題だからって平然としているのが大人の関わり方。怒るだけ怒って、結局親が片づける。これが最悪なんです。

「大丈夫？」と声はかけるけど、大人は一切手伝わない。大人が覚悟して我慢する。

我慢するのが難しかったら最初から怒らないで、大人が全部片づけるほうがずっといい。でもね、ここで大人が我慢して、子どもがこれを成功体験として味わったら、ちゃんと学ぶんです。

親子の関係性はすぐには変わらない。子どもに「求めない」覚悟を持とう

大人は勝手なものです。今まで子どもが失敗したら怒る、あるいは先回りして失敗しないようにお膳立てしていたくせに、「これでは子どもが育たない」と気づいたら、急に「何でもチャレンジしてみたら？」などと言う。

「このままだと失敗しそうだな」というとき、この本に書いてあることを実践して、我慢して我慢して、「大丈夫？」と急に態度を変えた言葉かけをする。それで子ども

に「うるさいな」なんて言われようものなら、「私がこれだけ心配しているのに、なに、その言い方は！　ありがとうくらい言えないの？」などと勝手にキレてしまう……。そしたら、それで終わりです。

親子でもこれまで築いてきた関係性があります。大人が変わっても、瞬時に関係性まで変わるとは限りません。

大人は覚悟を持たなければいけません。それは“**相手に求めない覚悟**”です。まず大人がチャレンジして行動する。大事なのはここ。大人もチャレンジする力が必要です。大人が覚悟を持って変わったら、子どもは確実に変わる。ここは揺るぎない信頼を持っていてください。ただし、焦らない。子どもが1分で変わるのか、半年なのか、1年、2年、場合によっては10年かかる場合もある。

それでも家庭なら、関わる大人（＝親）の「大丈夫？」のひと言で子どもは安心してチャレンジする力をつけることができると思います。

「校長の私も失敗し、やり直しをしました」

校長室が「やり直しの部屋」と呼ばれる理由

大空小学校の〝やり直しの部屋〟が校長室であることは前にお話ししました。なんで校長室になったかというと、私が最初にやり直しをしたからです。たったひとつの約束「自分がされていやなことはしない、言わない」を最初に破ったのが私なのです。

大空小学校ができたとき、最初は180人くらいしか子どもがいませんでした。開校を迎えた4月の始業式。まさに私が「いい学校をつくる」と意気込んでいたとき、何の前触れもなく6年生の男の子が転校してくることになりました。

彼は5年間も学校に行ったことがない、重度の自閉症の診断を持つ子どもでした。

その子が突然、始業式に〝乱入〟してきたんです。一瞬にして2階のギャラリーに上がり、大声で叫びながら走り回っている男の子。それがショウゴでした。

そのときの私の正直な気持ちを打ち明けると、「えっ、せっかく今からいい学校をつくろうと思っているのに、こんなややこしい子が入ってきた。この子を育てられるだろうか」というものでした。

その後もショウゴは目を離すと、どこに行ってしまうかわからない。自分の言葉で伝えることもできないし、体が大きくてそばに来ると正直、怖い。先生たちも必死で追いかけた。まるでショウゴが悪いことでもしているかのように「逃げた、逃げた」を連発して。

一度学校から逃げてしまうと、夜中になっても帰ってこない。警察からの連絡もないまま朝を迎えたことが何度かありました。

こんなショウゴが、ある日を境に大空小学校から出て行かなくなったんです。

それは梅雨《つゆ》の時期のことでした。6年生の教室で新任の女性教師に手をつながれて、珍しくショウゴが座っていました。ところが、私と先生がちょっと話し込んでしまったその一瞬の隙をついて、ショウゴは教室を飛び出した。「しまった！」と思った先生は急いで追いかけた。

廊下は雨で濡れていたため、ドスーン！　という大きな音とともに、彼女は尻もちをついてしまったのです。

前を走っていたショウゴは後ろを振り向きました。彼はもう廊下の端まで逃げていて、その先は階段。「ああ、また脱走成功。今夜も夜まで帰ってこない」と私が思った瞬間、ショウゴはくるっと向きを変えたのです。

そして、あまりの痛さに動けなくなった彼女のところまで走って戻り、そばにしゃがみ込んで顔をのぞき込みながら、

「痛いねぇ、痛いねぇ」

と一生懸命に彼女の腰をさすり続けている。それを見ていた私と6年生の子どもたちは、声も出すことができず、しばらく動けませんでした。

言葉を持たないと聞いていたショウゴの言葉を、初めて聞いた瞬間でもありました。

「変わった」のは本人ではなく、周りの子どもと大人たち

その後開いた全校集会。ショウゴのいる前で、私はこの話をしました。そして、私がたったひとつの約束を破っていたことも。始業式の日、ショウゴが乱入してきたとき、私の心をよぎったことを告白したのです。

「私はこんなことを考えていたいやな校長です。私はたったひとつの約束を破ったことを2カ月間、内緒にしていました。心の中で思っていることは誰にもわからないから、このまま嘘をつき通そうと思っていたけど、ショウゴの行動を見て嘘をつけなくなったので、みんなの前で言います。でも、私はやり直しをするから、また同じことを繰り返したら、みんな教えてください」と言いました。

校長がやり直しをしたことから、それ以来、校長室がやり直しの部屋になったんです。「やり直しの部屋」とネーミングしてくれたのは、2年生の子でしたけどね。

「その程度の校長やから、私もこの学校でやっていけるわ」と思った教員もたくさんいました。子どもたちも、「校長先生、そんなん思ってたん？　俺と一緒やな」と言っ

てる子もいました。

ショウゴは次の日から、自分の意志で登校し、ただの一度も学校を出ていくことなく、自分の居場所を見つけて、周りの子どもたちといつも学校で一緒に過ごすようになりました。そして堂々と卒業していきました。

私たちがショウゴに何か特別な指導法をしたわけではありません。彼は何も変わっていません。変わったのは、彼の周りの子どもたちと大人たちだったのです。

「この子、邪魔や」と思っている間は、周りの子も育たないし変わらない。ありのままの自分を見せなかったら、1ミリも学べない。

学びとは自分が変わることなんだと、子どもたちと一緒に過ごす中で教えてもらいました。

「やり直しのできない失敗もある」

「友だちの心の傷を消せる消しゴム」はありません

映画『みんなの学校』を見て、私が新任教師のときに1年間だけ受け持った子どもたちが60人くらい集まってくれました。

私は20歳。そのとき小学校3年生の子どもたちですから、今は50歳を過ぎたおっちゃんとおばちゃんです（笑）。当時の私のあだ名は「バンバン」でした。その子たちが言うんです。「映画見たけど、バンバン、少しも変わってへんな」って。「それってほめ言葉か？」って聞いたら、「うーん、どっちやろな」と言われました。

実は、当時の学級目標が「たったひとつの約束」と同じだったんです。

「自分がされていやなことは人にしない、言わない」。私は新任1年目から45年間、

「たったひとつの約束」だけはずっと掲げていたんです。この約束がなければ集団なんてできないと思っていたんですね。

教師をしていた45年間、トラブルは山ほどありましたが、学校に来られなくなった子には一人も出会っていないのは、私がすごいのではありません。「たったひとつの約束」がすごいんです。

それでね、40年以上経って会った子どもが次々に「バンバンさ、めっちゃ怖かったで。怖さが半端じゃなかった」と言うんです。「何が怖かった？」と聞きました。当の本人はすっかり忘れています。

当時の私は、子どもたちが忘れ物をしても、宿題をしてこなくても、ケンカをしても少しも怒らなかったそうです。ほかの先生だったら怒られることを、バンバンはまったく怒らなかった。でも2つだけものすごく怒ることがあった。

ひとつは「たったひとつの約束」を破ったとき。「たったひとつの約束」を破ったら、ものすごく怒って、「友だちの心の中の傷を消せる消しゴムはあるか？」と子どもに聞いて、「ない」と言うと、「失敗は何回してもいいけど、やり直しのできないことをしたらあかんやろ？」とすごーく怒る。

たったひとつの約束を破っても「やり直し」をすればいいけれど、やり直しのできない失敗もあります。

もし友だちが傷ついて、二度と学校に来なくなってしまったり、最悪の場合、死を選んでしまったりしたら取り返しがつかない。

ただ、当時はたったひとつの約束を破っても「やり直し」はできていませんでした。やり直しは大空小学校に来てからできたんです。

そしてもうひとつが「自分の考えを言わないとき」。

子どもたちが私の口マネまでして、「なんで自分の考えを言わんのや?」「自分の考えは、自分にしか言われへんやろ」「自分の考えを言うのは、自分が生きている証拠や!」とかなんとか言って、ものすごく怖かったそうです(笑)。「わかりません」と言ってもダメで、「わからなかったら考え!」とか言っていたらしい。何かひと言でも自分の考えを言ったら、「よし」と言って許したんだそうです。私も若いのによくやっていましたね。

当時から4つの力のうちの「自分の考えを持つ力」「自分を表現する力」にこだわっていたんですね。良くも悪くも〝変わっていない〟という話です。

社会に出て必要なのは、「失敗をしない力」より「ピンチを切り抜ける力」

忘れ物をしたときは、どうすればいいのか考えるチャンス

私が宿題を忘れても、忘れ物をしても何も怒らなかったのには理由があります。たとえば宿題を忘れたら、「どうするん？」と聞くだけです。「今からやります」と答えれば、「はい、どうぞ」で終わり。

習字セットを忘れても、「あ、そ。どうするん？」という感じ。忘れたことが問題なのではなくて、その子が習字の授業を受けられなくなることが問題なんです。

大事なのは、忘れ物をしないようになることではなくて、忘れ物をしたらどうすればいいのか考えること。体操着を忘れても、どうすれば体育の授業を受けることがで

きるのかを考えることです。これを子どもが自分で考えて伝えるのです。

習字セットを忘れた子は考えた末、「ほかのクラスの友だちに借りてきます」と言いました。でもしばらくすると戻ってきて、「貸してくれませんでした」。そこでまたしばらく考えて、「先生の貸して」と言いました。私は指導するだけで習字セットは使いませんから、「いいよ」と言って貸してあげました。これが彼の成功体験ですね。

もし私が忘れ物をしたからと彼に罰を与えたり、あるいは「先生のを貸してあげるから、これでやりなさい」と言ったりしたらどうでしょう？ 彼の学びを奪うことになりませんか？

彼が友だちに頼んで断られ、いっぱい迷って考えて行動して手に入れた習字の時間、学びに向かう姿勢が違ってきます。そうしたら、次は忘れないようになりますよね。

大人になっても忘れ物はします。でも、いいんですよ。

社会に出て必要なのは、忘れ物をしない力ではありません。忘れ物をして困ったとき、そのピンチを切り抜けられる力です。その力を身につけたら、少しくらい忘れ物をしたって、ビクともしませんよ。

教育の原点は「母」

20歳の新任教師の私が、なぜ「たったひとつの約束」を学級目標に掲げていたのか。

「たったひとつの約束」の原点になったのは、私の母です。

私は中学校の体育教師になる予定でした。ところが〝想定外〟に小学校の教師になることに。ノウハウもない、マニュアルもない、勉強もしていない（笑）。全然わからない世界に入って、頼れるのは自分の経験値しかなかったんです。自分が大事にしてきたものを出すしかない状況でした。

でも私は、〝想定外〟に強かった。私の母が一人っ子の私を育てている間、ずっと、「たったひとつの約束」を言い続けてきたからです。

母は私に「自分がされていやなことは人にしなさんなよ。自分がいややったら人もいややねんで」とずっと言っていました。「空を向いてつばを吐いてみ。自分の顔にしかかからんやろ」って。

母は結婚して13年目にやっとできた子どもが私で、母にしてみたら大事な一人娘でしたが、当時は決して裕福ではなく、両親はその日食べるものを確保するために、一生懸命働いていました。私の小学校時代は、いつも一人で家でごはんを食べていました。私が寝てから両親が帰ってくるような毎日で、母と一緒にいる時間はそれほどありませんでしたが、母から言われた言葉はずっと大事にしてきました。

母は田舎育ちで高等教育も受けていませんでしたが、今思うと、人の悪口を言っているところを聞いたことがありません。文句も言わず、人の世話ばかり焼いていた人でした。

でも、私がズルをしたり嘘をついたときは、厳しく叱られました。手をかけて育ててもらった愛情というよりも、目には見えないけれど「あんたのために命かけるで」みたいな、見えない信頼や愛情で母とつながっていた気がします。

たったひとつの約束を破ると、困ったことになる経験をたくさんしてきました。約束を守っているときは、たとえトラブルが起きても結果オーライになる。そういう私自身の生きた経験値があるんです。

ただ、母に申し訳なかったのは、私がまったく勉強をしなかったこと。

母は自分が勉強をする機会を与えられなかったからか、とにかく小学校のときから私に「勉強しろ」とうるさかったんです。だから私は勉強しなくなりました。

勉強しろって言われたら、勉強しなくなるということは、私が身をもってお伝えできます。これは母の子育ての唯一の失敗かな。

でも、それ以外は、人として大事なことは母から教わりました。だから、いざというときに困らないんです。

小さいときにお人形さんを買ってほしくて、お金がないことはわかっていましたが遠慮がちに「ほしい」と言ったことがあります。

母は決して「うちはお金がないから買えない」とは言いませんでした。その代わり、

「お人形さんを買ってもな、泥棒さんが来て盗まれたらなくなるで。でもな、あんたの心の中に大事にためているものは泥棒さんが来ても取られないやろ？」

と言いました。今思えば、見えない学力をつけろということと同じですね。このようなことをしょっちゅう言われていましたね。

自分の中にたまっていくものって、自分が幸せになるために自分をつくっていく力です。

大人になってから、随所随所で「これは母の力やな」と思うことが増えました。大

空小学校で子どもたちと出会って、困ったことがあるたびに、「こう母から言われてん」とか、母の言葉を伝えることが多かったように思います。

あれだけ勉強嫌いだった私が、今になって勉強するのが楽しいんだから、不思議ですよね。でも、親に「勉強しろ」と言われていやだと思う子どもの気持ちは、痛いほどわかります。

子どもたちには、

「自分がやりたいことがあって、そのために勉強が大事やと思うんやったら、やっといたほうがええと思うで」

「勉強しないで将来やりたいことができなかったら、マジで困るで。それはあんたの問題やからな」

と言います。そうすると、ストンと子どもの心に落ちて、勉強するようになります。

これ、私の実感だから響くんでしょうね。

どんな魔法の言葉を使っても、子どもに対して上から目線で言っている間は相手には伝わらないでしょうね。

あきらめないで踏んばる。これも「チャレンジする力」

失敗体験は宝！
いつも成功してほめられてばかりいたらチャレンジしない

意外に思われるかもしれませんが、**〝踏ん張る力〟も「チャレンジする力」のひとつです。**

４つの力のうち、「人を大切にする力」「自分の考えを持つ力」「自分を表現する力」の３つと「チャレンジする力」が違うのは、〝失敗〟が絡んでいるかいないか。

「チャレンジする力」は、失敗をして、失敗を乗り越えなかったらつかない力です。言い換えれば、失敗しなかったらチャレンジとは言えません。成功体験ばかりだったら、チャレンジなんてしなくてもいいでしょ？

「ほめる子育て」とよく言われますが、いつも成功してほめられてばかりいたら、チャ

レンジする必要はないんです。

「チャレンジする力」は、困ったときにこそ出る力。

困ったとき、不安なとき、どん底に落ち込んだとき、自分にないものを得ようとしたとき、「無理や」って思うとき、前に一歩踏み出すとき。これがチャレンジです。こんなときには「踏ん張る力」が必要でしょ？

だから失敗はチャンスなんです。

4つの力は全部つながっているんです。「人を大切にする」「自分の考えを持つ」「自分を表現する」。この力は、「チャレンジ」しなかったらつきません。

「チャレンジする」というのは、たとえば**今まで友だちにすぐ意地悪ばかりしていた自分が「やり直そう」と思うのもチャレンジだし、友だちにすぐ「向こうに行け！」「うざい」とか言っていたのを、「もう言わんとこ」と思うのもチャレンジです。**

「自分の考えを持つ」ことが苦手で避けていたけれど、「やっぱり考えてみようかな」と思うことや、「思い切って自分の考えていたことを表に出してみようかな」と思うのもチャレンジです。

〝自分を変える勇気〟などと、よく言いますよね。でも自分を変える勇気とか努力とかいう言葉って、子どもにはしんどいんですよ。でも、「チャレンジ」という言葉は軽いでしょ。子どもには、この軽さが大事なんです。

「できないことができるようになる」自己評価が幸せのカギ

大空小学校では毎学期、自分が4つの力のうち、どの力をいちばんつけたいかを決めて紙に書いて貼り出しておくのですが、「チャレンジする力」はいつもいちばん人気。やっぱりチャレンジっていう言葉が軽いからでしょうね。

チャレンジしたいことの中身は一人一人違いますが、たとえば「九九のうち2の段と5の段しか言えないけど、全部言えるようにチャレンジしたい」とか、「自分は人にプレゼンする力が弱いから、学校にゲストが来たときは、誰よりも先に、大空をプレゼンできるようにチャレンジしたい」などと書きますよ。

世の中の子どもたちはチャレンジすることを避けがちと言いますが、大空小学校の子どもにいちばん人気の理由は、軽さだけじゃなくて、もっとも結果が見えやすいから。

できないものができるようになるとは、子どもにとってこんなに手応えがあるものはないでしょ？

しかも、それが達成できたかどうかは、他者ではなく、自分で自分を評価する自己評価です。自己評価は、自分を俯《ふ》瞰《かん》しないとできません。

自分が決めた目標を振り返って、「この1学期、自分はどうだっただろう？」と客観的に評価する。「これはできたけど、この部分はできなかった。だから次はもう一度やってみよう」とか。これを6年間、自分で決めて自分が評価して、自分で行動していく。これは大きな成長ですし、自律する力そのものです。

人から与えられた評価は、子どもを潰すこともある。とくに、いい評価をもらい続けてきたような子は、社会に出ていい評価をもらえなくなったら潰れてしまうこともあります。

自分で自分を評価することができれば、これほど幸せになる確かな道はありません。だって**他者から評価されて他者から幸せを与えてもらっていたら、与えてもらえなくなったら幸せじゃなくなる。でも、自分で評価する力がついていれば、いつでもやり直せるし、いつでも自分で自分を幸せにできるんです。**

終章

親が変われば子どもは変わる。みんなが変わる

——今日から家庭でできる「4つの力」の伸ばし方

親子で楽しく4つの力が身につく「対話ゲーム」のすすめ

10年後の社会を親子で想像するところから始めよう

この本では「４つの力」についてずっとお話ししてきました。

「そもそも、大空小学校では、４つの力についてどんなふうに子どもたちに教えているんですか？」と聞かれることがあります。

実はね、一切教えていないんです。わざわざ説明はしていません。

まず子どもに必要なのは、明日のための力ではなくて、10年後、20年後に必要な力です。子どもが大人になって親から離れたときに幸せな大人であるために、今しかつけられない力をつけようと話し合って決めたのが「４つの力」です。

私が大空小学校にいた9年間、４つの力を試してみて、よかったなあと思うケースが山ほどありました。ここまで、その中のほんの一部を紹介してきましたが、これって家庭でもできますよ、ということを本書でも提案してきたつもりです。

学校は子どもたちがたくさんいます。家庭では基本的に親とその子どもだけです。ここは大きく違うけど、10年後、20年後の社会がどうなっているか、そのときにどんな力が必要かを話し合うことはできますよね。

私も校長を退職してからいろいろな学校でこの4つの力に基づいた授業をしてきましたが、まず子どもたちに「10年後の社会ってどうなっていると思う？　想像してみて」というところから始めます。これを家庭でもやってみてください。

「ロボットが人間の代わりをするようになるよね」

「そんな社会になったら、自分が生きていくのに、どんな力が必要だと思う？」

「どんな力があったら自分は幸せになっていけると思う？」

こう聞くと、子どもはたくさん答えてくれます。

1年生でも「人の話をたくさん聴いたらいいと思う」とか、「怖がらんと何でもやったらいいと思う」とか言いますよ。家庭でもこんなふうに話をしてみたらどうでしょうか。そこで出てきたことを4つの力に集約する。面白いことに、どんなことを言っても4つの力に集約できるんですよ。たとえば「人の話を聴くこと」と言ったら、「聴く力って〝人を大切にする力〟だよね」となる。「怖がらないで何でもやること」と言ったら、〝チャレンジする力〟になりますよね。

4つの力のうち 今の自分にいちばん足りない力はどれ？

真面目に話していてもつまらないから、「4つの力の中で、今の自分にいちばん身についている力は何だと思う？」とゲームみたいにやってみるのもいいでしょう。それを親子で言い合ったら面白いですよ。

お母さんが「私は〝人を大切にする力〟がついていると思う」と自分のことを言ったら、子どもが「えーっ、信じられない」と言うかもしれない。それでいいんです、自己評価ですから。

次に、「じゃあ、自分にいちばん足りない力はどれ？」ってやってみる。

親子で対話が進んできたら、もう一歩突っ込んで、親子でお互いに「4つの力のどれがいちばんついているか」を言い合うのも面白いでしょう。

これはまさに〝他者から見た自分〟。他者が見たときに、自己評価と全然答えが違うのが面白い。とくに、子どもから自分がどう見られているか、子どもは親からどう見られているかが、意外にずれていることがわかります。

たとえば子どもの答えと自分の答えが一致したら、親は自分自身を素直に子どもにさらけ出していることがわかります。反対に、自分の答えと子どもの答えが違っていたら、そのときこそ、親が自分を大きく変えていくチャンスです。

これを誕生日が来るたびにやるのは、どうでしょう？　年に1回、4人家族なら年に4回。あくまでも軽いノリで遊び感覚でやってくださいね。

子どもとそんな対話ができる状況じゃない人や、今、この場に子どもがいなくて対話できない人は、自分一人でやってみてください。子どもが親である自分を見て、いちばんついている力はどれだと答えるだろうか、と。

……今、子どもだったらどう言うかなって想像しましたよね？　実はこの時間が大事。普段、こういう時間ってないでしょう。子どものことを想像してこう答えるかな、と思ったら、実際に子どもに聞いてみてください。

こんな会話って普段の家庭ではまったくしないでしょう？　必要だとも思ってないでしょうしね。最初はちょっと気恥ずかしいけれど、軽いノリならできるんじゃないですか？　これが当たり前になっていったら、それが家庭の空気になって、自分の中にたまっていきます。

私が何かよからぬことを考えそうになったとき、母の顔が浮かんで、「ああ、空向いてつば吐いたら自分の顔にかかるな」と思いとどまるのと同じで、**それぞれの家庭の空気は、その子の中に染み込んでいきます。**

しかも、大人になっても変わらず、ずっと心の中にあるんですよ。

人の悪口を言いそうになったら踏みとどまったり、外でつらいことがあっても「よっしゃ」と踏ん張ったり、そんな自分になっていくんです。

「4つの力で未来は変えられる」

「同調圧力」に乗らない勇気

お母さん、お父さん。そもそも学校は何をするところでしょう。何のために学校に行くのでしょう。

「見えない学力」をテーマにしたこの本もいよいよ最終章に来ましたが、それでもなお、偏差値、有名大学といった横並び主義、同調圧力をクリアするために学校に行くという意識をまだ持っているというのが正直なところではないでしょうか。

「思いやりのある子に」などと言っていても、そんなきれいごとは社会では通用しない。やっぱり偏差値を上げて、勉強を必死にして、いい大学に入らなかったら負け組と、まだどこかで思っていませんか。

そんなふうに思ってしまう大人の自分を受け入れて、そして変えていく覚悟が必要なんです。偏差値至上主義を悪いと言っているのではありません。ただ、これを目的にしてしまうと、子どもは自分を見失ってしまいます。

周りの子が塾に行き始めたら「うちの子が遅れる」と思った親は、周りに合わせます。これが同調圧力ですよね。この同調圧力に耐えられる子、あるいは何も感じない子は今、学校に普通に通うことができているはずです。

一方でこの同調圧力に対して「どこかおかしい」と思える子たちが、実は不登校というレッテルを貼られている子どもたちの中の多くを占めています。同調圧力に乗れない子どもって、実はすごい原石だと思います。

私が全国を講演で回っていると、学校に通えていない子どもが実はすごい感性を持っていたりします。その子のお母さんとしゃべっていても、「おかしいことはおかしい」ときちんと言える感覚を持っています。

これからの社会は規律を守って「イエス」という子をつくっていては太刀打ちできません。まだまだ学校は、画一的で横並び主義の規則や規律を守る子をつくっています。

多様性、共生社会、想定外を生き抜くなどと言っていますが、10年後はこれがもっと進化していきます。そのときこそ4つの力が必要です。何ひとつ欠けてもダメなんです。

「人を大切に」しながら「自分の考えを持って」て「自分を表現し」て、「チャレンジする力」。おかしいと思ったら「今のはアウトちゃうか？」と言える。そういう子どもたちが増えたら学校は確実に変わります。

これまでの学校で子どもたちは、何かあると反省ばかりさせられてきました。友だちを殴ったら反省会をやり、反省文を書かされる。でも、反省って過去のことではありませんか。過去は過去。今から1秒先は未来。過去に起きたことは、どんなにお金を積んでも変えようがありません。でも、未来は今、この瞬間からいくらでもつくれるんです。

家庭でも同じです。**過去にこだわって反省ばかりしていると、「やらなければよかった」という後悔しかない。反省すると自分にダメ出しをすることになる。ダメ出ししても前に進まなくちゃいけなかったら、今度は人のせいにしたくなってくる。**

でも、やってしまった失敗を、どうチャンスに変えるか。これが学びです。これが「やり直し」なんです。

どうしたら次は同じ失敗をしない自分になれるか、４つの力を使って、新たな自分を見つけていく。〝自分のために〟やり直しをする。

親と子は違う。対等な関係が対話のスタート地点

家庭でも対話が大事です。人と人との関係性を対等にしたかったら、まずは対話をするしかない。

親と子、上司と部下、年上と年下、男と女。人ってたくさん違いがありますよね。でも、違いを対等にしてつながったところにしか対話は生まれません。

違いを対等に受け入れて、親と子が対話ができるようになると、学びも楽しくなります。これは、きっと子どもが今ハマっているゲームより楽しいですよ。

対話力をつけようと思ったら、自分と他者との違いを対等に感じられるようにする以外にないんです。この力が多様性のある社会で共に生きていく力につながっていきます。

親が変われば、子どもは確実に変わります。

親は自分が変わったら、すぐに子どもにも変わることを求めがちですが、すぐに結果を求めないでください。

「なんで私が努力してこんなに変わろうとしてるのに、あなたは変わらないのよ」と、子どもにも見返りを求めてしまう。

親と子であっても対等な関係です。でも親は子どもより長く生きている分、たくさんの経験をして、失敗も苦労もしてきています。それに対して、子どもはこれからたくさんの経験をしていく存在。この違いをわかったうえで、対等な人と人との関係にしていくことを大人が理解していきましょう。

子どもは親の持ち物ではありません。とはいえ、親が育てている以上、「言うことを聞け！」という気持ちになってしまうのも、わかります。でも、出来がいい子だろうと悪い子だろうと、どんな悪たれだろうと失敗ばかりしようと、子どもを〝一人の人間〟として認め、どう向き合うかが大事なんです。

親の思う通りにさせることが目的ではなくて、目の前の子が10年後、20年後の社会で4つの力を試しながら使いながら、なりたい自分になり、幸せであること。これがいちばんの願いですよね。

子どもに4つの力をつけさせたかったら、大人にこそ、4つの力が必要です。とくに親が子どもの時代に育ってきた社会情勢と、子どもが今から大人になっていく社会情勢ではまったく違います。そのことを親は計算に入れておかなければいけません。

子どもの本音を丸ごと受け入れる「信頼される大人」になる

校長の私が「自分が変わる覚悟」を持ったのは、先に話した私自身の最初の〝やり直し〟がきっかけでした。そのときから、〝心をひとつにして、みんなで力を合わせて「大空小学校」をいい小学校にしていきたい〟なんていやらしい考えは捨てました。

自分の失敗もかっこ悪さもすべてさらけ出して、失敗してやり直す姿も見せてきました。

子どもがどんなときに安心するかというと、本音を丸ごと受け入れてくれる大人がいるときです。

大人同士の関係でも、本音を言わないで、きれいごとだけでつながっている人間関係もあります。それでうまくいっているときはいいけれど、本当にしんどいとき、自分の中の弱さやドロドロしたものを言える相手が一人でもいたら、死なないですむのです。それは大人も子どもも一緒でしょう。

本音を全部さらけ出して、それを丸ごと受け入れてくれる大人がいたら、子どもは目の前の大人を信頼しますよね。

子どもが本音をさらけ出すには大人への信頼が必要です。そして信頼してもらうためには、安心が必要なんです。だから大人だって自分をさらけ出さなければ、信頼してもらえませんよ。

いろいろな手段があると思うけれど、たとえば親が今まで語ったこともなかった失敗を語ってみる。

「こんなことがあって、お母さん、すっごく困っているんだけど、どうしたらいいと思う？」

と子どもに聞いてみるのも、ひとつの方法です。

お母さん、お父さんの中には、「子どもに舐《な》められたらあかん」と思ってしまう人もいるかもしれません。今まで続いてきた親子関係の中でのプライドもあるかもしれません。

でも、実はこれ、子どもを主語に変えたら、「俺（私）のことを、お父ちゃん、お母ちゃんは何も信用してへん」っていう事実を突きつけているのと同じです。

学校のリーダーは校長、家庭のリーダーは親。子どもの前ではすべての大人がリーダーです。リーダーの仕事は〝どう行動するか〟でしかない。

まずは大人がどれだけ変われるか、です。１００％子どもに非はありません。まず、変わるのは大人だけ。これには大人としての覚悟が必要です。

大人の覚悟などと言うと、いい親でなければいけないとか、そんなふうに捉える人も多いかもしれません。

でも、そうではなくて、**子どもがその子らしく、誰もが大切にされる社会をつくる大人に育っていく。そのための覚悟を持ってください**。

それはどんな指導をするとか、どんなテクニックを使うとかいうことではありません。子どもを変える前に、〝大人の自分が変わる〟ということだけなんです。

これはお金も苦しい訓練も研修もいりません。１秒先の未来の自分を変えていくんです。そんな大人が増えたら、子どもは本当に幸せな大人になっていくでしょう。

著者紹介

木村泰子　大阪府生まれ。武庫川学院女子短期大学（現武庫川女子大学短期大学部）卒業。大阪市立大空小学校初代校長として、障害の有無に関わらず、すべての子どもがともに学び合い育ち合う教育に力を注ぐ。その取り組みを描いたドキュメンタリー映画『みんなの学校』は大きな話題を呼び、文部科学省特別選定作品にも選ばれた。2015年に45年間の教員生活を終え、現在は講演活動で全国を飛び回っている。東京大学大学院教育学研究科附属バリアフリー教育開発研究センター協力研究員。著書に『「みんなの学校」が教えてくれたこと』(小学館)、『「ふつうの子」なんて、どこにもいない』(家の光協会)などがある。

10年後《ねんご》の子《こ》どもに必要《ひつよう》な「見《み》えない学力《がくりょく》」の育《そだ》て方《かた》

2020年11月20日　第1刷

著　　者　木《き》　村《むら》　泰《やす》　子《こ》

発 行 者　小 澤 源 太 郎

責任編集　株式会社　プライム涌光
電話　編集部　03(3203)2850

発 行 所　株式会社　青春出版社
東京都新宿区若松町12番1号　〒162-0056
振替番号　00190-7-98602
電話　営業部　03(3207)1916

印　刷　中央精版印刷　　製　本　フォーネット社

万一、落丁、乱丁がありました節は、お取りかえします。

ISBN978-4-413-23176-3 C0037